System

der

Handelsverträge und der Meistbegünstigung.

System

der

Handelsverträge

und der

Meistbegünstigung.

Von

M. Schraut.

Leipzig,
Verlag von Duncker & Humblot.
1884.

Das Uebersetzungsrecht bleibt vorbehalten.

Vorwort.

Handelsverträge und Meistbegünstigung sind ein Theil der Handelspolitik, welche einen Bestandtheil der allgemeinen Wirthschaftspolitik eines Landes bildet. Bei den Grundlagen und Zielen der letzteren, welche auch bestimmend für die Handelspolitik sind, ist das Augenmerk hauptsächlich auf zwei Punkte zu richten, nämlich auf die Stärkung der heimischen Produktion, als der dauerhaftesten Quelle des nationalen Wohlstandes, und auf die Ausdehnung des Absatzgebietes auch nach Außen, soweit hierdurch die Sicherstellung des inneren Marktes, als des zuverlässigsten Rückhaltes für die Verwerthung der heimischen Erzeugnisse nicht beeinträchtigt wird.

Was den ersteren Punkt betrifft, so besteht die Aufgabe und der Zweck jeder Produktion darin, die Gaben der Natur durch menschliche Arbeit für den Bedarf der Menschen nutzbar zu machen. Direkt produktiv ist die Arbeit, welche sich mit der Hervorbringung, der Verarbeitung und der Bereitstellung der Naturprodukte in irgend welcher Form für den menschlichen Bedarf beschäftigt; indirekt produktiv ist die Arbeit, sofern sie sich auf Dienstleistungen bezieht, welche die direkte produktive Thätigkeit zu unterstützen und zu fördern geeignet sind.

Allen direkt produktiven Arbeitszweigen ist ihre Rückbeziehung auf ein Naturprodukt gemeinsam. Es handelt sich stets um die Gewinnung entweder eines Rohstoffes (Landbau, Viehzucht, Forstwirthschaft, Bergbau) oder eines Halbfabrikates aus dem Rohstoffe, beziehungsweise eines Ganzfabrikates aus dem Halbfabrikate (Industrie und Gewerbe), oder um die Bereitstellung des Ergebnisses dieser Arbeitszweige für den Verbrauch (Handel). Durch die Einbeziehung des Handels in den Kreis der direkt produktiven Arbeitszweige werden jedoch selbstverständlich nicht alle Handelsmanipulationen für wirthschaftlich gerechtfertigt erklärt, welche sich zwischen die Faktoren der Produktenherstellung und des Produktenverbrauches schieben. Manche derselben sind vom wirthschaftlichen Standpunkte aus entbehrlich, manche sogar für die Produktion schädlich.

Den an der Produktion direkt betheiligten Arbeitszweigen treten in der Gesammtproduktion eines Landes die persönlichen Dienstleistungen als indirekt produktive Arbeitszweige zur Seite. Die Thätigkeit des Kreditvermittlers, welcher für die Produktion Anlage- und Betriebsfonds verschafft, diejenige der Staatsverwaltung, welche durch ihre Beamten Sicherheit, Ordnung und Recht garantirt, die Thätigkeit der Schule, der Wissenschaft und Kunst, welche die Entwickelung des geistigen Elements der Produktion in den verschiedensten Richtungen fördern, sind unentbehrliche Hülfsfaktoren für die Produktion.

Der Umstand, daß der gemeinsame Ausgangspunkt aller Produktionszweige die Dienstbarmachung einer Naturkraft für den menschlichen Gebrauch ist, spricht für die prinzipielle Solidarität der Interessen aller Arbeitszweige. Die Durchführung dieser allgemeinen Interessen gegenüber den privatwirthschaftlichen Interessen der Einzelnen wird allerdings wesentlich erschwert, wenn die wirthschaftlichen Fragen zur politischen Parteisache gemacht und in den Streit einseitiger Tagesmeinungen gezogen werden.

Aus dem Zusammenhang jeglicher Produktion mit den Erzeugnissen des Grund und Bodens erhellt ferner der hohe Werth, welcher innerhalb der Gesammtproduktion eines Landes der Erzeugung und Gewinnung der Rohprodukte, d. h. der Entwickelung des Grund und Bodens, als des Stammkapitals in der wirthschaftlichen Thätigkeit der menschlichen Gesellschaft beizulegen ist. Länder, welche den größeren Theil ihres Bedarfs an Rohstoffen, trotz der Möglichkeit, diese selbst zu produciren, vom Auslande beziehen, und welche in ihrer wirthschaftlichen Thätigkeit auf die Entwickelung der heimischen Fabrikation keinen höheren Werth legen, als auf den Handel mit fremden Fabrikaten und auf die Besorgung gewinnbringender Dienste im Weltverkehr, können zwar vorübergehend für längere oder kürzere Zeit eine Rolle spielen, für die Dauer werden sie aber von denjenigen Ländern überflügelt werden, welche nichts versäumen, was die heimische Rohstofferzeugung und die heimische Fabrikation fördern kann. Es fehlt in der Geschichte namentlich nicht an Beispielen, in welchen der Niedergang der heimischen Rohstofferzeugung das Anzeichen für den Verfall der Macht und des Einflusses des Landes überhaupt war.

Was den zweiten Punkt, die Sicherung des heimischen Absatzmarktes, betrifft, so darf auf die Ausführungen unter Kapitel II, Ziff. 1, Seite 7 u. ff. dieses Buches Bezug genommen werden.

Berlin, im Januar 1884.

Inhalt.

		Seite
I.	Allgemeines über Handelsverträge	1
II.	Tarifvereinbarungen in Bezug auf die Eingangszölle	4
	1. Zweckmäßigkeitsfrage. — Voraussetzungen	4
	2. General- und Konventionaltarif. — Einheitstarif mit Retorsionsbefugniß	11
	3. Allgemeine Grundsätze. — Bestimmende Faktoren. — Verträge mit überseeischen Staaten	16
	4. Tarifzugeständnisse. — Tarifforderungen. — Produkte und Fabrikate der Vertragsstaaten	21
III.	Die Meistbegünstigung in Bezug auf die Eingangszölle	30
	1. Begriff. — Zweckmäßigkeitsfrage	30
	2. Allgemeine Grundsätze. — Umfang und Wirkungen des Anspruches auf Meistbegünstigung	36
	3. Geltendmachung von Ansprüchen auf Grund der Meistbegünstigungsklausel in einzelnen Fällen	41
	4. Die Meistbegünstigungsklausel in dem frankfurter Friedensvertrage zwischen dem deutschen Reich und Frankreich vom 10. Mai 1871	45
IV.	Rückblick auf die Geschichte der Handelsverträge (Tarifvereinbarungen und Meistbegünstigung)	48
V.	Verkehrsverbote. — Ausfuhr- und Durchfuhrzölle. — Unterscheidungszölle. — Werthzölle	57
	1. Einfuhr-, Ausfuhr- und Durchfuhrverbote. — Ausfuhr- und Durchfuhrzölle	57
	2. Unterscheidungszölle zu Gunsten der direkten Einfuhr	64
	3. Werthzölle	67
VI.	Die inneren Steuern in den Handelsverträgen	72
	1. Ausfuhrvergütungen. — Ausfuhrprämien. — Titres d'acquits-à-caution	72
	2. Heranziehung ausländischer Gegenstände zu den inneren Abgaben	78

		Seite
VII.	Erleichterungen im Verkehr zwischen Nachbarstaaten.	83
	1. Der Veredelungsverkehr	83
	2. Der Grenzverkehr	89
	3. Das Zollkartell	93
VIII.	Vereinbarungen verschiedenen Inhalts in den Handelsverträgen	95
	1. Verkehr auf Märkten oder Messen	95
	2. Antritt, Betrieb und Abgaben von Handel und Gewerbe, Marken=, Muster=, Modell= und Patentschutz	95
	3. Schifffahrtsverhältnisse	96
	4. Eisenbahnwesen	98
	5. Geldwerthe	99
	6. Zollabfertigung. — Ursprungszeugnisse	100
	7. Tarabehandlung	103
	8. Freihafengebiete	104
IX.	Material für die Verhandlungen, Führung und Abschluß der Handelsverträge	106
	1. Die Handelsstatistik	106
	2. Förmlichkeiten. — Ratifikation. — Vertragsdauer. — Auslegung von Vertragsbestimmungen	111
X.	Die Zolleinigung	115

I.

Allgemeines über Handelsverträge.

Handelsverträge haben den Zweck, für den gegenseitigen Handel, Verkehr, Schifffahrts= und Gewerbebetrieb der Angehörigen der vertragschließenden Staaten bestimmte Vorschriften zu treffen. Durch die Handelsverträge, welche selbständig nur von sou= veränen Staaten abgeschlossen werden können, geben die Staaten autonome Rechte auf und übernehmen Verpflichtungen, welche durch die autonome Gesetzgebung nicht bedingt sind. Einzelne in diesen Verträgen gleichartig und ständig vorkommende Bestimmungen haben thatsächlich die Wirkung von internationalen Regeln. Andererseits kann jedoch, insoweit internationale völkerrechtliche Bestimmungen bestehen, wie dies z. B. hinsichtlich der Freiheit der Schifffahrt auf gewissen Strömen der Fall ist, deren rechtliche Wirkung durch Handelsverträge einzelner Staaten nicht eingeschränkt werden.

Die Handelsverträge sind auch dann, wenn sie Bestimmungen über die Höhe der Zölle enthalten, keine finanziellen Verträge, da das finanzielle Element nicht der eigentliche Gegenstand, sondern nur die Folge der Vertragsbestimmungen ist.

Sie sind ferner zu unterscheiden: von den Verträgen über einzelne spezielle Verkehrszweige (Post=, Eisenbahn=, Dampfschifffahrts=, Telegraphen=, Münzverträge), von den auf bestimmte Verwaltungs= oder Rechtsverhältnisse bezüglichen Verträgen (Konsular=, Litterar=, Naturalisations=, Rechtshülfe=, Auslieferungsverträge) und von den eigentlichen politischen Staatsverträgen.

Im Allgemeinen sollen die Handelsverträge für die vertragschließenden Staaten zur Ausgleichung wirthschaftlicher Verhältnisse, zur Ausbildung gemeinschaftlicher Interessen und zur Verallgemeinerung des wirthschaftlichen Produktions- und Absatzgebietes dienen. Zur Begründung dieser Bestrebungen wird Seitens der Vertreter der Vertragspolitik darauf hingewiesen, daß durch die fortschreitende Vermehrung und Erleichterung des Weltfrachtgeschäftes Produzenten und Konsumenten der verschiedenen Länder in nähere gegenseitige Berührung gebracht seien und in Folge dessen die wirthschaftliche Thätigkeit eines Landes sich nicht auf das innere Gebiet allein beschränken könne, sondern auch mit der Produktion und den Bedürfnissen des Auslandes in Beziehung treten müsse. Durch die Sicherstellung und Ausbildung dieser Beziehungen werde aber nicht nur die allgemeine Wohlfahrt in wirthschaftlicher Hinsicht gehoben, sondern auch für das politische Gebiet mancher Stein des Anstoßes beseitigt.

Die Bestimmungen der einzelnen Handelsverträge sind je nach den speziellen Beziehungen und Verhältnissen der vertragschließenden Staaten verschiedenartig; in der Regel sind jedoch in den Verträgen die folgenden wichtigeren Punkte und zwar zumeist in gleichartiger Weise festgestellt:

1) Befugnisse der Angehörigen eines jeden der vertragschließenden Theile in dem Gebiete des andern in Bezug auf vorübergehenden Aufenthalt, dauernde Niederlassung, Erwerb und Besitz von beweglichen und unbeweglichen Gütern, Betrieb von Handel und Gewerbe, Abgabenbelastung, Verfolgung und Vertheidigung der Rechte und Interessen vor den Behörden und Gerichten;

2) Voraussetzungen für den Erlaß von Ein-, Ausfuhr- und Durchfuhrverboten und die Erhebung von Ausfuhr- und Durchfuhrzöllen;

3) Beschränkung der bei der Ausfuhr gewisser Erzeugnisse stattfindenden Ausfuhrvergütungen auf den Ersatz der Zölle und inneren Steuern, welche von diesen Erzeugnissen oder von den Rohstoffen, aus denen sie erzeugt werden, erhoben wurden;

4) Beschränkung der inneren Abgaben für die Erzeugnisse des Vertragsstaates auf den Betrag, welchen die gleichnamigen Erzeugnisse des eigenen Landes zu entrichten haben;
5) Regelung der Verhältnisse in Bezug auf die Erfindungspatente, die Fabrik- oder Handelsmarken, die industriellen und gewerblichen Muster oder Modelle aller Art;
6) Ordnung der auf die Schifffahrt, namentlich auch auf die Küstenschifffahrt bezüglichen Verhältnisse.

Die Vereinbarungen in Betreff dieser Gegenstände begegnen zumeist keinen besonderen Schwierigkeiten. Von überwiegender Bedeutung ist in der Regel die Frage der Verständigung in Bezug auf die Zölle, welche bei der Einfuhr der Waaren des einen vertragschließenden Theiles in das Gebiet des anderen Theiles erhoben werden können (Eingangszölle). In dieser Beziehung lassen sich die Handelsverträge unterscheiden in solche, welche spezielle Zolltarifvereinbarungen enthalten (Tarifverträge), ferner in solche, welche außer dergleichen Tariffestsetzungen noch den gegenseitigen Anspruch auf Meistbegünstigung hinsichtlich der Zollsätze vereinbaren, und in solche, welche keine speziellen Tarifsätze, sondern nur den Meistbegünstigungsanspruch sicherstellen.

II.
Tarifvereinbarungen in Bezug auf die Eingangszölle.

1. Zweckmäßigkeitsfrage. — Voraussetzungen.

Bei den Tarifverträgen übernimmt derjenige vertragschließende Theil, welcher Tarifverbindlichkeiten eingeht, die Verpflichtung, bei der Einfuhr der Waaren des anderen Theiles keine höheren, als die vereinbarten Zollsätze zu erheben. Zu diesem Zwecke können entweder die in dem geltenden autonomen Tarife des betreffenden Staates zur Zeit bestehenden Zollsätze beziehungsweise Zollfreiheiten für die Vertragsdauer festgelegt (gebunden), oder spezielle, gegenüber dem autonomen Tarif ermäßigte Zollsätze vereinbart werden. Je nachdem dergleichen Tarifzugeständnisse nur von einem Theile, oder von beiden Theilen gemacht werden, hat der Tarifvertrag einen einseitigen oder gegenseitigen Charakter.

Die Frage, ob es sich empfiehlt, eine solche Beschränkung des autonomen Tarifrechtes durch Handelsverträge eintreten zu lassen, ist von prinzipieller Wichtigkeit.

Gegen dieses Verfahren läßt sich einwenden, daß es bedenklich ist, ein so wenig konstantes, ein so bewegliches Leben wie das wirthschaftliche in einem Hauptpunkte seiner Interessen für eine längere Zeitdauer festzulegen. Ein richtig angelegtes Zollsystem soll in seinen einzelnen Tarifpositionen das Ergebniß einer Berechnung sein, welche sich aus der Höhe der Erzeugungs- und Transportkosten der Auslandswaare gegenüber den Erzeugungskosten des Inlandes für den betreffenden Gegenstand zusammensetzt. Jeder einzelne Faktor dieser Berechnung ist mehr oder minder plötzlich eintretenden Veränderungen unterworfen, welche das Konkurrenzverhältniß der Auslandswaare nicht unbedeutend alteriren können. Die Vervollkommnung einer wichtigen Maschine, eine neue Erfindung, die Eröffnung neuer Verkehrswege, die Aenderung der Betriebsverhältnisse, das Entstehen neuer Produktionszweige können tiefeingreifend auf das wirthschaftliche Leben eines Landes im Ganzen oder auf einzelne Produktionszweige einwirken, und es kann in solchen Fällen nachtheilig sein, wenn der für die heimischen Produktionsverhältnisse so wichtige Zolltarif in wesentlichen Punkten für eine Reihe von Jahren festgebannt ist, so daß man sich im Innern des Landes gesetzgeberisch nicht bewegen, und die Handhabe, welche man als geeignetes Gegenmittel gegenüber den eingetretenen Veränderungen, gleichviel ob mit Recht oder Unrecht, erkennt, nicht gebrauchen kann. Außer diesem allgemeinen Bedenken läßt sich im Besonderen, soweit eigentliche Finanzzölle in Frage kommen, noch geltend machen, daß die finanziellen Maßnahmen des Landes in lästiger Weise eingeschränkt werden und in Folge dessen unter Umständen bei eintretendem Bedarfe statt guter Finanzobjekte Gegenstände, deren Besteuerung ungleich härter trifft, als Ersatz eintreten müssen. Tarifzugeständnisse erscheinen aber um so drückender, wenn sie einem Lande gemacht sind, welches die seinerseits übernommenen Verpflichtungen streng einzuhalten nicht geneigt ist, wie dies bei Staaten mit weniger geordneten Finanz- und Verwaltungsverhältnissen nicht selten zu befürchten ist. Ueberdies läßt sich noch in konstitutioneller Beziehung einwenden, daß bei den Tarifverträgen die Entscheidung in der Hauptsache bei den die Verhandlungen führenden Verwaltungsorganen liegt, während die gesetzgebenden Körperschaften die Verträge in der Regel nicht amendiren, sondern nur ablehnen oder annehmen können, zu letzterem sich aber oft aus politischen oder sonstigen Gründen entschließen müssen, welche mit den wirthschaftlichen Verhältnissen in einem direkten Zusammenhang nicht stehen.

Alle diese Bedenken, namentlich der erstgedachte Haupteinwand, gehen selbstverständlich von dem Standpunkte aus, daß der Schutz der heimischen Produktion durch Eingangszölle von größerem oder geringerem Betrage wirthschaftlich geboten sei. Prinzipieller Widerspruch gegen die Tarifverträge erfolgt aber nicht nur von diesem, sondern auch von dem gerade entgegengesetzten, dem unbedingt freihändlerischen Standpunkte, welcher die Industriezölle in der Hauptsache verwirft und Eingangszölle nur insoweit für berechtigt hält, als die betreffenden inländischen Erzeugnisse einer inneren Verbrauchsabgabe unterliegen.

Die Vertreter dieses Standpunktes sind der Ansicht, daß jede Befreiung des Verkehrs von Grenzzöllen zunächst dem eigenen Lande zu Gute komme, da durch Zölle in erster Reihe die heimische Produktion geschädigt werde; sie halten daher die Annahme für unbegründet, daß ein Staat durch Zollermäßigungen einem anderen Lande Vortheile gewähre, welche für ihn selbst ein Opfer wären, das ihm Anspruch auf eine ähnliche Gegenleistung gebe. Außerdem befürchten die Vertreter dieser Ansicht, daß sich gerade an die Tarifverträge die wesentliche Verstärkung eines ihren Tendenzen nicht günstigen zollpolitischen Gesichtspunktes in der öffentlichen Meinung knüpfe, nämlich das Verlangen nach Reciprocität. Dieses hindere aber die Entwickelung der Beseitigung der Zölle auf autonomem Wege, auf welche der unbedingte Freihändler in erster Reihe Werth zu legen habe; denn jedem Verlangen auf autonome Ermäßigung oder Aufhebung eines Zolles trete die öffentliche Meinung mit dem Wunsche entgegen, diesen Schritt handelspolitisch als ein Mittel zu verwerthen, um durch einen Tarifvertrag die Minderung lästiger Zölle eines anderen Staates herbeizuführen. Komme ein solcher nicht zu Stande, so sei auch wenig Aussicht vorhanden, daß die Maßregel demnächst auf autonomem Wege durchdringe.

Diese prinzipiell ablehnende Haltung wird indessen nur von einem kleineren Theile der Vertreter des freihändlerischen Standpunktes getheilt; die Mehrzahl ist im Gegentheil bestrebt, die Tarifverträge als Aktionsmittel für ihr handelspolitisches System zu benutzen. Nach ihrer Ansicht schädigen nämlich die Zölle nicht nur den Staat, der sie einführt, sondern auch wegen der durch sie veranlaßten Erschwerung des Handels die übrigen Länder, welche mit dem ersteren in Verkehr stehen, und welche daher ein Interesse daran haben, sich vertragsmäßig gegen solche Verkehrserschwerungen nach Möglichkeit sicherzustellen. Die Tarifverträge sollen nach der Meinung und den Wünschen dieser Gruppe dazu dienen, eine fortschreitende gegenseitige Ermäßigung der Zölle herbeizuführen und auf diese Weise der internationalen Arbeitstheilung Vorschub zu leisten. Nicht als Kompromisse zwischen den sich in höherem oder geringerem Grade gegenüberstehenden handelspolitischen Interessen zweier Länder, sondern als Kampfesmittel gegen die Zölle sollen nach dieser Theorie die Tarifverträge dienen.

Einen entsprechenden Ausdruck findet diese Auffassung in dem Berichte der vereinigten Kommissionen des Abgeordnetenhauses über den deutsch-französischen Handelsvertrag vom 29. März 1862 und zwar in den folgenden Sätzen:

„Der Umstand, daß die Tarifvereinbarungen gegenseitige sind und einen integrirenden Theil eines Systems von internationalen Verträgen der Staaten Europa's bilden, hat gerade für die gewerblichen und Handelsinteressen einen sehr hohen Werth. Durch die verschiedenen, jedesmal den ganzen Tarif der Schutzzölle umfassenden Verträge wird nämlich das wichtige Resultat erreicht, daß die Höhe der Schutzzollsätze, d. h. die Höhe derjenigen Zollsätze, durch welche die europäischen Staaten den Verkehr mit den eigenen Produkten unter einander erschweren, den Inhalt völkerrechtlicher Festsetzung in der Art bildet, daß die verschiedenen Staaten diese Zollsätze wohl ermäßigen, aber nicht über die vertragsmäßigen Beträge erhöhen dürfen. Die Beschränkung der Autonomie ist nichts als ein gegenseitiger vertragsmäßiger Verzicht auf Feindseligkeiten der Zollpolitik. Für den Absatz nach europäischen Märkten wurde dadurch der Produktion der verschiedenen Länder Europa's ein fester Rechtsboden geschaffen; dem Schutzsystem, welches den eigenen Markt zu garantiren sucht, tritt die für lebenskräftige Industrien ungleich wichtigere Garantie der Bedingungen des Absatzes nach fremden Märkten gegenüber."

In der einseitigen Betonung der Wichtigkeit der fremden Märkte gegenüber der Bedeutung des einheimischen Absatzgebietes, welche sich namentlich in den Schlußsätzen dieser Ausführungen geltend macht, liegt die Schwäche der Argumentation. Die Wichtigkeit der

Förderung der internationalen Handelsbeziehungen ist gewiß ebenso anzuerkennen, wie die Richtigkeit der Annahme, daß sich wechselseitige Tarifermäßigungen für diese Bestrebungen unter Umständen nützlich erweisen können. Aber es ist ein ungesunder Zustand, wenn die Steigerung der äußeren Umsätze auf Kosten des inneren Absatzes stattfindet, und wenn, um die ersteren in jeder Weise zu vermehren, Tarifzugeständnisse gemacht werden, durch welche der Innenhandel mehr geschädigt wird, als der vermehrte Außenhandel Nutzen bringt.

Den wesentlichsten und sichersten Rückhalt bietet auf die Dauer für die Produktion eines großen Landes der innere Markt, da der Ertrag einer Produktion um so größer ist, je näher ihr Absatzgebiet liegt und je größer die naturgemäße Sicherung des letzteren ist. Wenn die heimische Industrie auf ihrem naturgemäßen, stabileren Verhältnissen unterliegenden inländischen Absatzgebiete in der Hauptsache Herrin ist, kann sie um so sicherer und durch den inneren Rückhalt gestärkter im Auslande in Konkurrenz treten, welche schon mit Rücksicht auf die Transportbedingungen, die Aenderungen im Zoll=, Geld= und Kreditwesen des Auslandes viel häufigeren Schwankungen unterworfen ist, als die Konkurrenz im Inlande. Auf die Entwickelung der Dinge im Ausland hat die Industrie keinen Einfluß, und bei der häufig eintretenden Unberechenbarkeit der bezüglichen Verhältnisse tritt für den Außenhandel mehr das mit Schwankungen rechnende spekulative Element in den Vordergrund. Es dürfen hiernach über die wünschenswerthe sorgsame Pflege der Exportinteressen nicht die Rücksichten auf die Entwickelung der Produktion und Fabrikation auf dem inländischen Markte und die Maßregeln außer Betracht gelassen werden, welche zum Schutze dieser Entwickelung nothwendig erscheinen. Die Handelsverträge sollen nicht als Aktionsmittel für die Anbahnung eines internationalen Freihandelssystems dienen, unter dessen Herrschaft die Länder, welche in wirthschaftlicher und politischer Beziehung unter ungünstigen Verhältnissen arbeiten müssen, von den in einer günstigeren natürlichen Lage befindlichen Ländern mehr oder minder stark überflügelt werden. Dergleichen Versuche führen erfahrungsmäßig stets über kurz oder lang zu mehr oder minder starken Rückschlägen.

Es ist vielmehr stets im Auge zu behalten, daß die heimische Produktion gegen die internationale Schleuderkonkurrenz hinreichend gesichert bleibt. Die Nothwendigkeit von Schutzzöllen wird vielfach von dem Standpunkte aus vertheidigt, daß dieselben für die betheiligten Produktionszweige während ihrer Entwickelungsperiode einen Ausgleich gegenüber der bereits mehrentwickelten stärkeren ausländischen Konkurrenz bilden, also in gewissem Sinne nur Erziehungsmittel sein sollen. Zur Erweiterung dieses Standpunktes darf auf die im internationalen Wettstreite stets steigende Tendenz zur Ueberhastung der Produktion und Spekulation, auf die hieraus entstehende internationale Schleuderkonkurrenz und auf die Gefahren hingewiesen werden, welche hierdurch auch für die bestentwickelte und solideste Produktion erwachsen. Gegen die Ueberraschungen und schlimmsten Auswüchse dieser Konkurrenz sollen die Zölle einen Damm bilden, hinter welchem sich die heimische Produktion in größerer Ordnung zur Abwehr sammeln kann. Eine solche Sicherung des heimischen Marktes ist um so werthvoller in einer Zeit, in welcher auf dem Weltmarkte der Nutzen ab- und die Konkurrenz zunimmt.

Tarifvereinbarungen, welche ein Aufgeben dieses Standpunktes bedingen würden, sind hiernach nicht am Platze. Indessen können sich nach den konkreten Umständen die eigenen Produktions- und Konsumtionsinteressen zweier Länder gegenseitig derart treffen, daß ein für beide Theile vortheilhafter Austausch, eine Ausgleichung der beiderseitigen Interessen stattfinden kann. Diesen Ausgleichen, welche sich auf wenige Punkte beschränken können, soll eine angemessene Gleichwerthigkeit der gegenseitigen Zugeständnisse und Erleichterungen derart zu Grunde liegen, daß beide Theile das Uebereinkommen in der Hauptsache für vortheilhaft halten. Es soll eine billige Ausgleichung zwischen Leistung und Gegenleistung stattfinden, bei welcher jeder nur erhält, was er bedarf, und nur hingibt, was er entbehren kann. Es werden daher weder Zugeständnisse zu machen, noch Verpflichtungen zu übernehmen sein, welche mit den dauernden

Interessen des eigenen Landes nicht im Einklang stehen, und ebensowenig werden persönliche oder politische Motive einen Anlaß zu besonderer Konnivenz geben dürfen.

Wenn ein gewisser Vorzug von Tarifvereinbarungen theilweise noch darin erkannt wird, daß sie einige Stabilität in den Zollsätzen insofern herbeiführen, als letztere während der Vertragsdauer unabhängig von den übrigen wirthschaftlichen Bewegungen sowie von den aus Systemwechseln der Regierungen oder der Parlamente sich ergebenden Schwankungen der inneren Gesetzgebung gestellt werden, so wird die Tragweite dieses Arguments öfters überschätzt. Auf eine gewisse Beständigkeit der Zollsätze wird allerdings in den meisten Zweigen der Produktion, der Fabrikation und des Handels sowohl von den mit großen Kapitalien arbeitenden Unternehmungen, welche zu ihrer Entwickelung Vorbereitungen von langer Hand her erfordern, als von den kleinen produktiven Unternehmungen und kaufmännischen Geschäften Werth gelegt. Abgesehen jedoch davon, daß hierdurch selbstverständlich die Vornahme solcher Reformen nicht ausgeschlossen erscheint, welche durch zwingende Verhältnisse geboten sind, so können für die Stabilität auch außerhalb der Tarifvereinbarungen hinreichende Garantien gewonnen werden; jedenfalls darf die Erreichung einer Stabilität nicht der Zweck und die Ursache des Abschlusses von sonst nicht begründeten Tarifverträgen sein.

Wird es aber als eine erwünschte Folge der letzteren betrachtet, daß die Wirthschaftselemente sich auf ihrer Grundlage für längere Zeit konsolidiren und die Absatzkonjunkturen sich klarer und sicherer berechnen lassen, so erscheint es mit dieser Auffassung schwer vereinbar, wenn während der Dauer einer solchen Vertragspolitik die Zolltarife außerdem auf autonomem Wege einseitig herabgesetzt werden, als ob ein ausschließliches autonomes Tarifsystem bestände, statt daß solche Ermäßigungen als weiteres Austauschobjekt gegenüber dem Auslande verwerthet werden. Abgesehen von besonderen Dringlichkeitsfällen sollten auch die im eigenen Interesse der heimischen Produktion beabsichtigten Tarifermäßigungen nach Möglichkeit und Gelegenheit dazu benutzt werden, um von anderen Staaten die Ermäßigung oder Beseitigung von Zöllen zu erlangen, welche für die heimischen Exportinteressen schädigend wirken.

2. General- und Konventionaltarif. — Einheitstarif mit Retorsionsbefugniß.

Mit Rücksicht auf seine handelspolitischen Beziehungen zum Auslande kann ein Staat sein eigenes Zolltariffsystem in der Hauptsache derart einrichten, daß die den dritten Staaten vertragsmäßig eingeräumten Tariffkonzessionen einen selbständigen Tarif (Konventionaltarif) bilden, welcher nur auf diejenigen Staaten Anwendung findet, denen die Ermäßigungen, beziehungsweise der Anspruch auf Meistbegünstigung, zugesichert sind, während neben diesem Konventionaltarif ein Generaltarif mit höheren Zollsätzen besteht, welchem die Staaten ohne Vertragsverhältniß unterliegen. — Falls ein Staat Meistbegünstigungsrechte nicht gewährt, können auch mehrere Konventionaltarife unabhängig neben einander bestehen. —

Den Gegensatz zu diesem Verfahren bildet das System eines einheitlichen, allgemeinen, auf alle Staaten gleichmäßig zur Anwendung kommenden Tarifs, in welchem auf Grund von Spezialgesetzen auch die vertragsmäßigen Tarifvereinbarungen als allgemeine Tarifsätze Aufnahme finden. Namentlich bei dem letzteren System halten die Staaten vielfach eine Handhabe für den Fall erforderlich, daß sie von anderen Staaten thatsächlich ungünstiger behandelt werden, als dritte Länder. Eine solche Vorkehrung ist auch in dem deutschen Zolltarifgesetz vom 15. Juli 1879 durch die Bestimmung getroffen, daß Waaren, die aus Staaten kommen, welche deutsche Schiffe oder Waaren deutscher Herkunft ungünstiger behandeln, als diejenigen anderer Staaten, soweit nicht Vertragsbestimmungen entgegenstehen, mit einem Zuschlage bis zu 50 Prozent des Betrages der tarifmäßigen Eingangsabgabe belegt werden können (Retorsionszölle).

Für die Anwendung dieser Retorsionsmaßregel ist es nicht erforderlich, daß deutsche Waaren in einem anderen Staate ungünstiger behandelt werden, als die Waaren aller übrigen Länder; es ist vielmehr die Voraussetzung für diese Maßregel gegeben, wenn Deutschland in Bezug auf die Zollsätze in dem anderen Staate ungünstiger gestellt ist, als ein einziges drittes Land. Auf Waaren, welche im deutschen Tarif zollfrei sind, kann nach der vorstehenden Bestimmung eine Zuschlagsabgabe nicht gelegt werden. Im Uebrigen ist die Befugniß fakultativ bezüglich der Gegenstände und des Umfangs gewährt, um den Zollzuschlag ohne Schädigung inländischer Interessen anordnen und nach Bedürfniß verschieden abstufen zu können.

Außer diesem Falle, auf welchen sich die deutsche Gesetzgebung beschränkt, kann die Zulassung von Retorsionszöllen auch gegenüber solchen Staaten Platz greifen, deren Eingangszölle im Vergleich zu denjenigen des zur Retorsion schreitenden Staates übermäßig hoch und belastend sind. Behufs klarerer Abgrenzung einer solchen Befugniß kann dieselbe an die Voraussetzung geknüpft werden, daß der ausländische Zoll denjenigen des zur Retorsion gezwungenen Staates um einen bestimmten Prozentsatz, beispielsweise um 40%, übersteigen muß.

Aus diesen Ausführungen ergibt sich der wesentlichste Unterschied zwischen dem System des einheitlichen Tarifes (eventuell verbunden mit der Ermächtigung zu Retorsionszöllen) und dem System des Nebeneinanderbestehens eines General- und Konventionaltarifs. Die Retorsion mittelst Zollzuschläge setzt einen Angriff Seitens eines dritten Staates voraus, ist also in der Hauptsache eine Abwehrmaßregel; sie ist keine Waffe, um bei Handelsvertragsverhandlungen Tariffkonzessionen zu erzwingen; denn sie kann nicht bereits dann in Wirksamkeit treten, wenn ein Vertrag nicht zu Stande kommt, sondern erst dann, wenn der andere Staat aggressiv wird.

Bei dem anderen Systeme tritt dagegen der Generaltarif mit seinen höheren Zollsätzen sofort von selbst in Kraft, sobald ein Vertragsverhältniß nicht zu Stande kommt, oder ein bestehendes in seiner Wirksamkeit aufhört. Der Generaltarif erscheint daher Vielen als ein wirksames Mittel, um auf die Vertragsverhandlungen einzuwirken, und in der Regel geht seine Festellung dem Abschluß der Verträge zu dem Zwecke voraus, für die letzteren eine feste, wohlerwogene Grundlage zu erhalten. Zu diesem Behufe werden die Zollsätze des Generaltarifes häufig sehr hoch gegriffen, namentlich auch von solchen Staaten, bei welchen eine dem Abschluß von Handelsverträgen günstige Tendenz besteht. Diese Staaten können hierbei von der Absicht geleitet sein, den Generaltarif nur ausnahmsweise und subsidiär in Wirkung treten zu lassen, im Gegensatz zu denjenigen Staaten, welche den Generaltarif als die Regel betrachten und Handelsverträge nur mit solchen Ländern abschließen wollen, gegenüber welchen ein besonderes Interesse besteht.

Der von Frankreich im Jahre 1880 aufgestellte Generaltarif sollte weder ein Maximal- noch Minimaltarif sein, sondern die Grundlage für die Handelsvertragsverhandlungen, beziehungsweise für den aus den Ergebnissen der letzteren sich zusammensetzenden Konventionaltarif, bilden.

Die Erfahrung bietet manche Anhaltspunkte dafür, daß die Staaten, welche nur einen einheitlichen Zolltarif haben, durch welchen ohne Unterschied Allen bewilligt wird, was einem Einzelnen zugestanden ist, bei Handelsvertragsverhandlungen ungünstiger gestellt sind, als die Staaten, welche mit den Differentialzöllen nur gegenüber den zum Abschluß von Handelsverträgen gewillten Staaten brechen, während sie diejenigen, die solche Verträge nicht abschließen, von den Begünstigungen ausschließen.

Prinzipielle Gegner sowohl des Konventionaltarifsystems als der Retorsionszölle sind nur diejenigen, welche die Eingangszölle überhaupt und um so mehr Erhöhungen derselben, sei es daß solche durch einen Generaltarif oder durch die Retorsionszuschläge erfolgen, für eine schädliche Maßregel halten. Abgesehen von den gegen diese Auffassung bestehenden grundsätzlichen Bedenken, welche sich hauptsächlich auch gegen den Satz richten, daß die Zollerhöhungen des Auslandes sich wesentlich durch billigere Produktion im Inlande ausgleichen ließen, findet diese Doktrin auch in freihändlerischen Kreisen Widerspruch. Soweit nämlich die letzteren mehr der Ansicht zuneigen, daß der Freihandel den freien Austausch der Erzeugnisse unter den verschiedenen Ländern herbeiführen, sonach im Wesentlichen auf Gegenseitigkeit beruhen soll, erscheint ihnen zum Theil die Anwendung des Generaltarifsystems als ein geeignetes Mittel, um Staaten, welche sich durch Eingangszölle hermetisch abschließen, zur Ermäßigung ihrer Tarife und zum Eintritt in den durch die Meistbegünstigungsklausel in einen organischen Zusammenhang gebrachten Vertragsverband zu veranlassen.

Was die Retorsionszölle betrifft, so geschieht deren Anwendung nicht für schutzzöllnerische Zwecke; sie sind keine Schutzzölle, haben nicht auf den betreffenden Gegenstand im Allgemeinen und Ganzen, sondern nur auf die Provenienz eines oder mehrerer Länder Bezug, welche von dem Mitbewerbe ausgeschlossen werden. So unerwünscht auch Tarifkämpfe in mancher Richtung sein mögen, die Retorsions= zölle erscheinen berechtigt, weil ein großes Land, das nach seiner Meinung ungerecht angegriffen wird, auch auf wirthschaftlichem Ge= biete Handhaben zur Abwehr besitzen muß. Ein solcher Angriff kann aber nicht nur darin bestehen, daß die Produkte des betreffenden Staates differentiell ungünstiger behandelt werden, als diejenigen eines dritten Landes, sondern auch darin, daß der ausländische Staat gerade diejenigen Artikel mit sehr erheblich höheren Zöllen belegt, in welchen die stärkste Einfuhr erfolgt. Dergleichen nicht im allgemeinen Zollsystem des Staates begründete, vielmehr gegen ein bestimmtes Land gerichtete Zollerhöhungen kommen thatsächlich einer differentiell ungünstigeren Behandlung der Waaren gleich.

Bei Retorsionsmaßregeln wird im Allgemeinen mit Vorsicht vorzugehen und in der Hauptsache auf wirthschaftliche, weniger auf finanzielle Erwägungen Rücksicht zu nehmen sein. Die Nothwendig= keit und das Mittel zur Abwehr sollen je nach Lage der Um= stände im Verhältniß zu der Bedeutung des Angriffes bemessen werden, aus welchem Grunde es sich auch empfiehlt, die Befugniß zur Anordnung solcher Maßregeln für den einzelnen Fall der dis= kretionären Bestimmung der Exekutivgewalt zu überlassen, eventuell unter Vorbehalt der nachträglichen Zustimmung der gesetzgebenden Faktoren. Eintretenden Falles ist in erster Reihe zu prüfen, ob die Benachtheiligung Seitens des anderen Staates eine effektive, wirklich fühlbare ist, d. h. ob es sich um einen ins Gewicht fallenden Aus= fuhrgegenstand, um eine thatsächliche Bevorzugung eines Konkurrenten handelt, oder ob die Differentialmaßregel im Wesentlichen nur einen theoretischen Charakter hat. Ist ersteres der Fall und hält ein Staat sich daher zur Retorsion gezwungen, so soll er die betreffen= den Maßregeln auf dasjenige Land beschränken, welches den Anlaß dazu gegeben hat, und zur Abwehr, nicht zur Offensive schreiten, was jedoch nicht ausschließt, daß beispielsweise Erschwerungen auf Industrieerzeugnisse mit Erschwerungen auf landwirthschaftliche Produkte beantwortet und die Maßregeln nöthigenfalls auch auf die Waaren der zu dem betreffenden Staate gehörigen Freihafengebiete und Kolonien erstreckt werden, wenn auch in diesen Gebietstheilen andere Zollsysteme gelten. Die Maßregeln sollen auf eine durchgreifende und schnelle Wirkung berechnet sein; denn Drohmittel, von welchen der Gegner sich sagt, daß sie nicht eintreten oder daß sie wirkungslos sein werden, sind ein mangelhafter Ausweg. Stärkeren Erfolg versprechen dieselben insbesondere dann, wenn sie in der Hauptsache unmittelbar gegen diejenigen Interessenten im anderen Lande gerichtet sind, welche durch die Einfuhrerschwerungen in ihrem Lande gewinnen wollen. Dagegen darf man die Maßregeln nicht derartig wählen, daß in der Hauptsache der Zwischenhandel dritter Länder den Vortheil zieht, oder daß durch dieselben die schutzzöllnerischen Tendenzen in dem zu schädigenden Lande verstärkt werden, und Produktionszweige Schaden erleiden, welche bisher von dem Anschlusse an die schutzzöllnerischen Tendenzen abgesehen haben.

Staaten mit wenig entwickelter Industrie und mit mangelhaften finanziellen und wirthschaftlichen Verhältnissen lassen es leichter auf das Aeußerste ankommen, da bei ihnen die Folgen eines Zollkampfes weniger zur Wirkung oder zur Kenntniß kommen.

Sowohl bei dem System des Generaltarifs als bei den Retorsionszöllen ist darauf Bedacht zu nehmen, daß diejenigen Staaten, gegenüber welchen die höheren Zollsätze zur Anwendung kommen sollen, nicht auf Umwegen sich die den anderen Staaten zustehenden niedrigeren Zollsätze zu Nutzen machen. Wenn beispielsweise die deutschen Zölle gegenüber Italien geringer sind, als gegenüber einem dritten Lande, so kann letzteres unter Umständen seine Waaren mit Vortheil in den italienischen Eigenhandel bringen und von da aus nach Deutschland einführen, falls auf diese Gegenstände in Italien überhaupt kein Zoll oder nur ein solcher Zollsatz besteht, welcher unter Zurechnung des deutschen ermäßigten Eingangszolles immerhin noch niedriger ist, als der deutsche erhöhte Eingangszoll. Um dergleichen mißbräuchliche Umgehungen zu verhindern, wird darauf zu halten sein, daß die ermäßigten Zollsätze nur den eigenen Produkten und Fabrikaten der begünstigten Länder zu Gute kommen und die Abstammung der betreffenden Waaren in zuverlässiger Weise nachgewiesen wird. (Vgl. Kap. VIII, Ziff. 6.)

3. Allgemeine Grundsätze. — Bestimmende Faktoren. — Verträge mit überseeischen Staaten.

Die Handelspolitik, innerhalb welcher die Handelsverträge und Tarifvereinbarungen eine hervorragende Bedeutung haben, ist nicht das einzige und nicht das wichtigste Mittel zur Förderung der Produktion und Industrie. Sie hat indessen den Vorzug, daß ihre Handhabung von dem freien Willen der Staatsgewalt abhängt, während andere wichtige Faktoren der Produktion, wie die Billigkeit des Kapitals, der Arbeitskräfte und Transportspesen, mehr oder minder einer Einwirkung des Staates entzogen sind. Die Handelspolitik der Staaten, namentlich soweit sie sich auf die Zolltarife bezieht, macht im Großen und Ganzen den Eindruck rastloser Versuche in den verschiedensten Richtungen und Systemen. Jeder Staat sucht in seinen handelspolitischen Beziehungen zum Auslande die nach seiner Einsicht und seinem Können vortheilhafteste Position zu nehmen, in Bezug auf Mittel und Wege hierzu herrscht Verschiedenheit; Wandelbarkeit sowie Systemwechsel sind nicht selten.

Die Basis für die äußere Handels- und Tarifpolitik bildet einerseits die innere wirthschaftliche Lage, andererseits die geschlossene wirthschaftliche Einheit des Staates. Was den ersten Punkt betrifft, so wird ein Land, welches ein großes naturgemäßes inneres Absatzgebiet, einen großen natürlichen Konsumentenkreis hat, welches eine starke Rohmaterialienproduktion oder gutentwickelte Rohmaterialienmärkte besitzt, mit billigen Brenn- und Hülfsstoffmaterialien und Transportkosten, mit geordneten Währungs-, Kredit- und Finanzverhältnissen ausgestattet ist, und welches sich einer gesunden sozialen und politischen Lage erfreut, selbstverständlich auch in seiner äußeren Handels- und Tarifpolitik kräftiger und selbständiger gestellt sein, als ein in seinen inneren Verhältnissen im Wesentlichen ungünstig gestelltes Land.

Namentlich ist der Besitz eines festen und Schwankungen nicht unterworfenen Geldwesens für die Entwickelung der Handelsbeziehungen zum Auslande von großer Bedeutung.

In Bezug auf den zweiten Punkt darf davon ausgegangen werden, daß eine Wirthschaftspolitik für die Dauer nur dann Erfolg haben wird, wenn sie in enger Verbindung mit dem nationalen Leben steht, was nicht ausschließt, daß sie von politischen Erwägungen unabhängig bleibt. Wenn beispielsweise gesagt wird, daß der mecklenburgische Grundbesitz in Bezug auf den Austausch seiner landwirtschaftlichen Produkte zu den rheinischen oder sächsischen Industriebezirken in keinem näheren Verhältniß, wie zu England oder Belgien stehe, da es für ihn gleichgültig sei, ob sein Getreide oder Vieh hier oder dort konsumirt werde, während die von der rheinischen und sächsischen Industrie befürworteten industriellen Zölle für ihn bei dem Bezug von Industrieartikeln nachtheilig seien, sein Interesse daher prinzipiell die Bekämpfung dieser industriellen Zölle erfordere, so erscheint eine solche Argumentation in mehrfacher Beziehung irrig. Die Doktrin, daß ein in politischer und finanzieller Beziehung ein Ganzes bildendes Land, welches der gleichen Gesetzgebung, Verwaltung und Besteuerung unterliegt, nicht auch ein einheitliches wirthschaftliches Ganze zu bilden habe, das gedeiht oder leidet, je nachdem die einzelnen Glieder gedeihen oder leiden, übersieht den engen inneren Zusammenhang des in einem Staate geeinten Wirthschaftslebens; wenn die rheinische oder sächsische Industrie leidet, wird hiervon früher oder später auch der mecklenburgische Grundbesitz berührt werden; die Verschuldung des Landes, die Steigerung der Steuern, die Desorganisation des Kredits, die sozialen Mißstimmungen übertragen sich von dem einen auf den anderen Theil. In erster Reihe ist daher Bedacht zu nehmen auf die Entwickelung des heimischen Gesammtmarktes und auf das Auftreten des Landes im Welthandel als geschlossenes Ganze an Stelle einer vom Staatsverbande losgelösten Menge zersplitterter Atome.

Die Herstellung handelspolitischer Beziehungen zwischen zwei

Staaten in Verbindung mit Tarifvereinbarungen wird für leichter oder schwerer gehalten, je nachdem die beiderseitigen Tarifsysteme in den Grundprinzipien übereinstimmen oder nicht. Bei der Abwägung der gegenseitigen Handelsbedingungen zwischen zwei Ländern und bei der Beurtheilung des Interesses jedes derselben am Abschlusse eines den gegenseitigen Verkehr fördernden Handelsvertrages kommt es nämlich nicht nur darauf an, wie groß der Export aus dem einen Staate in den anderen ist, sondern namentlich auch darauf, wie die Hauptexportartikel des einen Landes in dem Tarife des anderen behandelt werden. Es handelt sich hierbei jedoch nicht um eine äußerliche Gegenüberstellung der beiderseitigen Tarifsätze, sondern um eine Prüfung der relativen Bedeutung der einzelnen Tarifsätze für die betreffende Exportbranche.

Wenn die beiderseitigen Tarife auf einem gleichartigen wirthschaftlichen Standpunkt beruhen, wird ein Ausgleich für wahrscheinlicher gehalten, als wenn der eine Staat hohe, der andere nur mäßige Tarife hat. Staaten, welche keine Schutzzölle haben, und deren Interessenlage auch die Herstellung solcher Zölle für die Dauer naturgemäß als ausgeschlossen erscheinen läßt, werden leicht zu einem Ausgleiche kommen; soweit es sich nicht um die Abrechnung bezüglich der Finanzzölle handelt, könnten dieselben eigentlich ein einheitliches Handelsgebiet bilden. Handelsverträge zwischen Staaten, welche wegen ihrer Interessenlage übereinstimmend dem System hoher Zölle und der autonomen Zollpolitik zuneigen müssen, werden sich in der Regel auf die gegenseitige Zusicherung der Meistbegünstigung beschränken und von Tarifvereinbarungen im Wesentlichen absehen. Für schwieriger gilt ein Ausgleich zwischen Staaten, von welchen der eine hohe, der andere mäßige Tarife hat; der letztere Staat wird Forderungen auf Zollermäßigungen stellen, dagegen, abgesehen von der Gewährung der Meistbegünstigung und von Finanzzollermäßigungen, weitere Zugeständnisse in der Regel nicht in Aussicht stellen können, während der erstere Staat zu weitergehenden Zollermäßigungen weniger geneigt sein wird. Namentlich werden Staaten, welche erst vor kurzer Zeit eine autonome Tarifreform vorgenommen haben, es vorziehen, vorerst eine abwartende Haltung einzunehmen, um zunächst eine entsprechende Beobachtungsperiode zu gewinnen, bevor sie zu einer, wenn auch beschränkten Modifikation ihres autonomen Tarifs im Vertragswege schreiten. Haben solche Tarifreformen in einer größeren Anzahl von einflußreichen Staaten stattgefunden, so werden in der Regel in der nächsten Zeit keine Tarifvereinbarungen, sondern nur einfache Meistbegünstigungsverträge zu Stande kommen. Die letzteren sind in diesem Falle zum Theil Nothbehelfe oder Vorverträge für wirkliche spätere Tarifverträge. So wichtig hiernach für einen handelspolitischen Ausgleich zwischen zwei Staaten, insbesondere für Tarifvereinbarungen, die gegenseitige Lage der Tarifsysteme ist, so sind doch hierfür auch andere Momente von nicht minder großem Belang.

Beispielsweise kann die günstige Wirkung mäßiger Eingangstarife durch Erschwerungen des Transportes auf den Flüssen und Eisenbahnen (Gewährung von Transporttarifvortheilen für die einheimischen Waaren), durch eine mangelhafte Organisation der Rechtspflege und Verwaltung sowie durch Unsicherheit im Zahlungs- und Kreditwesen schwer beeinträchtigt werden. Namentlich kommt auch in Betracht, inwieweit auf eine loyale Ausführung der Vertragsbestimmungen gerechnet werden darf. Gegenüber einem Staate mit mangelhafter, chikanöser Verwaltung nützen oft die besten vertragsmäßigen Tarifbestimmungen wenig, da dieselben im Einzelfalle durch administrative Willkür leicht umgangen werden. Gegen diese Gefahr werden sich mittelst vertragsmäßiger Kautelen namentlich diejenigen Staaten sicherzustellen haben, deren Steuer- und Zollverwaltung einer geordneten öffentlichen Kontrole unterstellt ist, in Folge welcher jede erlaubte oder unerlaubte Abweichung von dem Vertrage sofort öffentlich bekannt wird.

Der Anlaß zum Abschluß eines Handelsvertrages, eventuell mit Tarifzugeständnissen, ist um so größer, je mehr die gegenseitigen Handels- und Verkehrsbeziehungen auf einer naturgemäßen Grundlage entwickelt und den Interessen der beiden Länder förderlich sind. So ist für die europäischen Staaten der Abschluß von Handelsverträgen, eventuell mit Tarifvereinbarungen, mit den Nachbarstaaten von größerer Wichtigkeit, als derjenige mit kleineren überseeischen

Staaten. Der überseeische Verkehr bietet manche Schwierigkeiten, die im Verkehr zwischen Nachbarstaaten nicht vorhanden sind. Der Bedarf der kleineren überseeischen Staaten ist verhältnißmäßig geringer, die Verbindung weniger regelmäßig und sicher, die Konkurrenz dritter Staaten bedeutend und oft bevorzugt, allerdings aber auch der Handelsgewinn in der Regel größer. Indessen liegt auch der Abschluß von Handelsverträgen mit überseeischen, wenn auch kleinen und weniger civilisirten und geordneten Ländern im Interesse des überseeischen Handels und im Bedürfniß der Exportindustrie, nicht nur, damit kaufmännische Unternehmungen eingeleitet und erfolgreich durchgeführt werden können, sondern auch damit diese Erfolge Einzelner in zweiter Reihe auch der Allgemeinheit derart zu Gute kommen, daß das dabei bestehende Sonderinteresse einzelner Unternehmungen nicht auf Kosten des Allgemeinen ausgenutzt wird. Solche Handelsverträge mit überseeischen Ländern oder mit weniger civilisirten Staaten, welche nur ausnahmsweise Tarifvereinbarungen enthalten, werden auch um deswillen empfohlen, um bei starker Verletzung der politischen oder wirthschaftlichen Interessen eine Handhabe für eine etwaige Intervention zu haben. Für die an dem Abschluß solcher Verträge mit einem weniger civilisirten Lande betheiligten Staaten kann es unter Umständen zweckmäßig sein, gemeinschaftlich aufzutreten und nach gleichen Grundsätzen zu verfahren, zumal wenn es sich um Länder handelt, welche sich thatsächlich noch nicht einer vollständigen politischen Unabhängigkeit erfreuen, und sich daher unkündbare Handelsverträge mit einseitigen Tarifbestimmungen derart gefallen lassen müssen, daß die Entwickelung ihrer Zoll- und Handelspolitik im Wesentlichen von der Zustimmung der Vertragsmächte abhängig wird.

Ein gemeinschaftliches Vorgehen mehrerer Staaten kann auch bei handelspolitischen Verhandlungen zwischen Kulturstaaten am Platze sein; es kann sich unter Umständen namentlich als zweckmäßig erweisen, Allianzen zu suchen, um gemeinsam auf Zollermäßigungen für bestimmte Gegenstände in einem dritten Lande hinzuwirken, was jedoch nicht prinzipiell und generell, sondern nur von Fall zu Fall zu geschehen pflegt.

Im Allgemeinen wird auf dem Gebiete der Handelsverträge und der Tarifvereinbarungen mit Vorsicht vorzugehen sein, namentlich mit der Aufstellung allgemeiner Grundsätze. Bestimmungen, welche sich von selbst verstehen oder auf administrativem Wege getroffen werden können, oder rein dekorativer Natur sind, werden gern vermieden. Trotz der möglichsten Vorsicht soll man jedoch nicht allzu ängstlich markten und ebensowenig aus dem Grunde, weil einmal ein schlecht wirkender Vertrag abgeschlossen worden ist, der Vertragspolitik für die Dauer prinzipiell gegenübertreten. Nicht selten werden die Wirkungen solcher Verträge und der Tarifvereinbarungen überschätzt und denselben Vortheile oder Nachtheile ohne Grund zugeschrieben, indem man übersieht, daß post hoc und propter hoc nicht identische Begriffe sind.

Es darf noch erwähnt werden, daß statt der handelspolitischen Verträge von Staat zu Staat in neuerer Zeit, namentlich unter Hinweis auf den Weltpostvertrag, auch der Abschluß von allgemeinen internationalen Verträgen empfohlen wird, welche auf größere Handelsfreiheit zwischen allen Kulturstaaten oder doch zwischen den meisten derselben hinwirken sollen. Eine solche internationale Einigung sollte nach den Ansichten und Hoffnungen ihrer Vertreter zunächst sich beziehen auf die Zollfreiheit der Rohstoffe und sonstiger für die Produktion und die Industrie allgemein unentbehrlicher Gegenstände, ferner auf die Aus- und Durchfuhrzölle, die Ausfuhrvergütungen u. s. w.

4. Tarifzugeständnisse. — Tarifforderungen. — Produkte und Fabrikate der Vertragsstaaten.

Tarifvereinbarungen können entweder gegenseitige Tarifzugeständnisse der beiden vertragschließenden Theile, oder nur einseitige Zugeständnisse eines Theiles enthalten. Eine gegenseitige Tarifvereinbarung liegt auch dann vor, wenn spezielle Tarifzugeständnisse in dem Vertrage nur von einem Theile gemacht werden, während der andere Theil mittelst Gewährung der Meistbegünstigung den Mitgenuß seiner bereits in einem Vertrage mit einem dritten Staate festgelegten Tarifsätze für die Vertragsdauer einräumt.

Der Inhalt von Tarifvereinbarungen ist selbstverständlich je nach den besonderen Verhältnissen der vertragschließenden Theile, namentlich je nach ihrem handels= und zollpolitischen Standpunkte, verschiedenartig.

Was die Tarifzugeständnisse betrifft, so wird der hierzu geneigte Theil insbesondere erwägen, in welchem Grade das bezügliche inländische Erzeugniß der ausländischen Konkurrenz ausgesetzt ist. Die zu diesem Zweck erforderliche Berechnung der Herstellungskosten eines Artikels im Inlande setzt voraus, daß auf die einzelnen Faktoren der Produktion, auf die Kosten des Rohmaterials, des Brennstoffes, der Arbeit, des Transports zurückgegangen wird und zu diesem Behufe viele sich gegenseitig kontrolirende Angaben der Rohproduzenten, der Erzeuger der Halb= und Ganzfabrikate mit einander verglichen werden. Die auf solche Weise ermittelten Herstellungskosten lassen auf den niedrigsten durchschnittlichen Verkaufspreis schließen, zu welchem der betreffende Gegenstand auf den inländischen Markt gebracht werden kann, und der Vergleich dieses Marktpreises mit dem Marktpreise des nämlichen importirten ausländischen Artikels würde der ziffermäßige Ausdruck für die Konkurrenzfähigkeit der inländischen Produktion sein.

Es läßt sich jedoch nicht verkennen, daß die Ermittlung der Herstellungskosten im Sinne des vorstehenden, von mehrfacher Seite befürworteten Vorschlages sowie die Vergleichung von Waaren verschiedenen Ursprungs, die zumeist auch verschiedener Qualität sind, öfters nur ein wenig zutreffendes Resultat ergeben.

Besonderer Werth ist darauf zu legen, daß vor Tarifkonzessionen klargestellt wird, ob es sich in der Hauptsache um einen Schutzoll oder um einen Finanzzoll handelt, da die Erwägungen über die Zulässigkeit einer Ermäßigung in beiden Fällen verschiedenartig sind.

Wenn man den prozentualen Werth des Schutzes, welchen ein Zollsatz der Erzeugung von Ganzfabrikaten gewährt, berechnen will, so wird man nicht den Werth der Waare, sondern den Werth, den die betreffende Industrie dem Werthe des in der Waare enthaltenen Rohstoffes oder Halbfabrikates durch ihre Thätigkeit hinzugefügt hat, der Berechnung zu Grunde zu legen haben. Entsprechend diesem Abzuge des Werthes des Rohstoffes, beziehungsweise Halbfabrikates, muß auch auf der anderen Seite von dem Zollsatze die darin enthaltene Zollbelastung des Rohstoffes oder Halbfabrikates abgezogen werden. Immerhin führen auch dergleichen Berechnungen vielfach zu einem wenig befriedigenden Ergebniß.

Im Allgemeinen wird in Bezug auf Tarifkonzessionen vielfach der Standpunkt befürwortet, daß ein durch einen Zoll geschützter Industriezweig zwar billigerweise verlangen könne, daß er nicht zu Gunsten anderer Interessen aufgeopfert werde, aber andererseits sich der Pflicht nicht entziehen dürfe, gewisse Opfer zu bringen, wenn ein höheres dringendes Interesse dies unbedingt erfordert.

Mit besonderer Vorsicht wird bei Tarifzugeständnissen gegenüber solchen Ländern zu verfahren sein, nach welchen der Export in der Hauptsache nur aus vorübergehenden Ursachen in einem größeren Umfange stattfindet. Kommen diese vorübergehenden Gründe, zum Beispiel die zeitweise differentiell ungünstigere Behandlung eines dritten Konkurrenzstaates, in Wegfall, so sind die Tarifkonzessionen ohne hinreichenden Gegengewinn gemacht.

Was die Tarifforderungen gegenüber dem anderen Theile betrifft, so wird öfters vor einer Unterschätzung der Wichtigkeit des Exportes von Rohstoffen und Halbfabrikaten einerseits, und vor einer übermäßigen Veranschlagung der Bedeutung des Exportes von Ganzfabrikaten andererseits gewarnt. Viele Gegenstände, welche als Rohstoffe bezeichnet werden, sind in Wirklichkeit Produkte, in denen viele Arbeit und viel Kapital steckt, z. B. die Mehrzahl der landwirthschaftlichen Erzeugnisse; desgleichen gibt es wenige Halbfabrikate, welche nicht zugleich selbst unabhängig angewendet und daher in dieser Eigenschaft als vollständige Fabrikate betrachtet werden können. Ein Land, welches neben Ganzfabrikaten auch Rohstoffe und Halbfabrikate exportirt, kann mit besseren und dauerhafteren Konjunkturen rechnen, als ein Land mit ausschließlichem Export von Ganzfabrikaten, deren Absatz, Zollbelastung und Konkurrenz im Auslande häufigen Schwankungen ausgesetzt sind. Es wird daher in vielen Ländern besonderer Werth darauf gelegt, die Erzeugung der Rohstoffe und die Industrie der Halbfabrikate zu fördern und, unbeschadet des zu billigenden Bestrebens, die Rohstoffe und Halbfabrikate thunlichst im Inlande selbst zu bearbeiten, auch auf die Pflege ihrer Exportinteressen bei Handelsverträgen Rücksicht zu nehmen. Allerdings werden in der Regel im Auslande namentlich die Rohstoffe mit niedrigeren Zöllen belastet oder zollfrei, dagegen die Ganzfabrikate mit den höheren Zöllen belastet sein; denn es ist leichter, bei Fabrikaten durch höhere Eingangszölle die eigene Produktion bis zum eigenen Bedarf zu steigern, als bei Rohstoffen, deren Erzeugung durch natürliche Bedingungen an gewisse Orte gefesselt ist.

Die Tarifvereinbarungen können entweder die Herabsetzung oder die Bindung bestehender Zollsätze betreffen. In beiden Fällen darf der vereinbarte Zollsatz nicht erhöht, wohl aber auf autonomem Wege nach Belieben ermäßigt werden. Auch wird durch eine Tarifvereinbarung nur das Recht der Einsprache gegen eine Erhöhung des betreffenden Zollsatzes, aber kein Einspruchsrecht dagegen begründet, daß die Begünstigung für oder ohne Gegenleistung einem oder mehreren dritten Staaten gleichfalls eingeräumt, d. h. der Konventionaltarif von dem verpflichteten Staate ganz oder theilweise verallgemeinert wird.

Bei den Zollermäßigungen werden, um handelspolitische oder finanzielle Vortheile einzutauschen, Opfer an Zolleinnahmen oder in volkswirthschaftlicher Beziehung gebracht. Gleiches ist, wenn auch in vermindertem Grade, bei der Bindung eines Zollsatzes und selbst bei der einfachen Gewähr der Meistbegünstigung insofern der Fall, als die Bindung jede Erhöhung, die Meistbegünstigung hingegen eine Erhöhung des Zollsatzes über den einem dritten Staate eingeräumten Satz hinaus ausschließt. Im Uebrigen hindert der vertragsmäßige Verzicht auf die Erhöhung eines Zollsatzes nicht, eine solche Erhöhung in den autonomen Tarif aufzunehmen; dieselbe kann nur, insolange und insoweit die Verträge entgegenstehen, den Berechtigten gegenüber nicht in Kraft treten.

In besonderen Fällen, namentlich bei Verträgen mit weniger civilisirten Ländern, wird Vorkehr dagegen zu treffen sein, daß eine vertragsmäßig ausgeschlossene Zollerhöhung etwa auf anderem Wege, z. B. durch Erhebung von Provinzialzöllen neben dem eigentlichen Landeszolle, herbeigeführt wird.

Im Uebrigen wird es sich nicht empfehlen, durch Tarifvereinbarungen die Autonomie in Bezug auf die Feststellung des amtlichen Waarenverzeichnisses, d. h. die Unterklassifirung der einzelnen Gegenstände unter die allgemein gehaltenen Tarifpositionen, einzuschränken. Ebensowenig gehören, abgesehen von besonderen Fällen, Interpretationen des amtlichen Waarenverzeichnisses in Tarifverträge. Lassen sich solche Auslegungen im Wege vertragsmäßiger Verständigung nicht vermeiden, so geschieht dies besser im Wege eines bezüglichen Notenaustausches, als durch Aufnahme einer entsprechenden Bestimmung in den Vertrag.

Was die vertragsmäßige Bindung von Zollsätzen betrifft, so wird hierdurch die Beweglichkeit des Zollsatzes nach oben, aber nicht nach unten gehindert; es wird Sicherheit darüber gegeben, daß eine Erhöhung des bis dahin autonomen Zollsatzes ohne Zustimmung des Mitkontrahenten nicht stattfinden wird. Wenn die Zölle des autonomen Tarifs hoch sind, so wird eine Bindung derselben den auf die Entwickelung des Freihandels hinstrebenden Tendenzen nicht erwünscht sein, da durch die Charakterisirung dieser Zölle als Vertragsobjekt und Ausgleichungsmittel die Bestrebungen auf Ermäßigung derselben im autonomen Wege erschwert werden. Auf der Seite der gegentheiligen Tendenzen kann anderentheils der Wunsch begründet sein, daß Tarifpositionen, welche in dem eigenen autonomen Tarife niedriger sind, als die entsprechenden ausländischen Tarifposten, wegen der unter Umständen aus der ungleichen Tarifirung zu befürchtenden Nachtheile entweder gar nicht, oder nur mit der Modifikation gebunden werden, daß dieselben auch während der Dauer des Vertrages bis zur Höhe der ausländischen Sätze gebracht werden dürfen. Im Uebrigen soll die Bindung nur für solche Zollsätze verlangt werden, bezüglich welcher auf Seiten des Antragstellers ein selbständiges, direktes Interesse besteht. Es erscheint daher eine Bindung der beiderseitigen Zollsätze für denselben Gegenstand nur der Gegenseitigkeit halber, sofern bezügliche Interessen nicht auf beiden Seiten obwalten, nicht veranlaßt. Staaten, welche ihren Tarif durch Handelsverträge bereits im Wesentlichen gebunden haben, werden bei Verhandlungen mit einem Lande, dessen Autonomie durch Tarifverträge nicht eingeschränkt ist, zwar Konzessionen in Betreff der Bindung der Zollsätze für ihre wichtigeren Exportartikel verlangen, dagegen Ansprüche auf Zollermäßigungen aus dieser Verschiedenheit der Verhältnisse nicht ableiten können. Von Wichtigkeit ist die Frage der sachlichen Voraussetzungen für die Anwendbarkeit einer Tarifvereinbarung. In den Verträgen werden die Tarifbegünstigungen zugesichert, theils für die Boden- und Industrieerzeugnisse des vertragschließenden Landes, theils für die aus dem betreffenden Lande herstammenden oder in demselben verfertigten Gegenstände, theils für rohe Naturerzeugnisse und gewerbliche Erzeugnisse, oder für die Gegenstände der Herkunft (Provenienz) oder Fabrikation des Landes, theils auch für die Provenienz überhaupt. In diesen Fällen beziehen sich die Zollbegünstigungen in der Theorie nur auf die eigenen Produkte und Fabrikate des vertragschließenden Landes und nicht auf die in seinen Eigenhandel übergegangenen Produkte und Fabrikate dritter Staaten. Zweifelhaft könnte die Frage sein, ob der Ausdruck „Provenienz" identisch mit Abstammung sein soll, oder ob jede Waare, welche aus dem freien Verkehr des betreffenden Landes herkommt, gleichviel ob sie aus demselben herstammt oder nicht, als Provenienz dieses Landes zu betrachten ist. Sofern jedoch nicht besondere Gründe dafür vorliegen, daß eine Vereinbarung in dem letzteren Sinne beabsichtigt war, wird unter Provenienz nichts anderes, als Herkunft oder Abstammung verstanden. Es wird indessen darauf Werth zu legen sein, daß die desfallsigen Vertragsbestimmungen möglichst klar gehalten sind.

In dem Handelsvertrage zwischen Deutschland und der Schweiz vom 23. Mai 1881 ist bestimmt, daß gewisse Gegenstände „bei dem Uebergange von dem Gebiete des einen Theiles nach dem Gebiete des anderen Theiles" gegenseitig von Eingangs- und Ausgangsabgaben befreit sein sollen.

Im Uebrigen hat dieser Punkt in Folge der Ausdehnung des rechtlichen und thatsächlichen Meistbegünstigungsverbandes, innerhalb dessen der nationale Ursprung der Waaren nicht in Betracht kommt, an praktischer Bedeutung ebenso verloren, wie die weitere Frage, welche Erzeugnisse als einheimische Fabrikate eines vertragschließenden Theiles zu betrachten sind, d. h. ob und unter welchen

Voraussetzungen ein ausländischer Gegenstand durch Verarbeitung in einem Lande nationalisirt wird.

Allgemeine Normen, welche eine ausdrückliche übereinstimmende Anerkennung gefunden hätten, bestehen nicht; eine große Anzahl von Operationen, z. B. die Herstellung einer Maschine aus theilweise ausländischen Bestandtheilen, von Bier aus ausländischer Gerste, von Cigarren aus fremdem Tabak, von Geweben aus ausländischen Garnen u. s. w., fällt unbestrittenermaßen unter den Begriff der heimischen Fabrikation. Zweifelhafter kann dies in anderen Fällen, z. B. bezüglich des Schälens von Reis, der Reinigung rohen Petroleums, der Gewinnung eines feineren Drahtes aus ausländischem Walzdrahte, sein.

Im Allgemeinen wird sich kaum der Grundsatz vertreten lassen, daß jede, auch die kleinste Thätigkeit geeignet sei, einen ausländischen Stoff zu nationalisiren, und daß jede Waare, die Gegenstand irgend einer Manipulation in einem Lande war, sofort als Waare dieses Landes aufzufassen sei. Es wird vielmehr die Bedeutung der verwendeten heimischen Arbeit und der Umstand in Betracht zu ziehen sein, inwieweit durch einen technischen Prozeß eine Verbesserung, beziehungsweise eine Umwandlung der Waare in einen anderen Gegenstand stattfindet. Bei Differenzfällen wird es insbesondere auch darauf ankommen, inwieweit man sich auf die Praxis anderer Länder berufen kann.

Um Mißverständnissen vorzubeugen, finden sich in einigen Handelsverträgen entsprechende Spezialvereinbarungen, z. B. in dem Schlußprotokolle zu dem Handelsvertrage zwischen Deutschland und Oesterreich vom 16. Dezember 1878 die folgende:

Unter Garnen und Geweben einheimischer Erzeugung werden die im Versendungslande selbstgesponnenen Garne und selbstgewebten Gewebe, dann solche Garne und Gewebe verstanden, welche zwar in rohem Zustande aus dem Auslande eingeführt und nach zollamtlicher Behandlung in den freien Verkehr gesetzt wurden, jedoch im Versendungslande gebleicht, oder gefärbt, oder bedruckt, oder gesengt, oder appretirt, oder mit Dessins versehen worden sind, um dann einer weiteren Bearbeitung oder Verarbeitung im Veredelungslande zugeführt zu werden.

Eine ziemlich gleichlautende Erklärung ist auch in das

Schlußprotokoll unter C zu den Artikeln 5 und 6 des Handelsvertrages zwischen Deutschland und der Schweiz vom 23. Mai 1881 aufgenommen.

Nach einer Erklärung in dem Schlußprotokolle zu dem deutsch-spanischen Handelsvertrage vom 12. Juli 1883 wird die spanische Regierung nur denjenigen nach Spanien eingehenden Sprit als deutsche Waare behandeln, welcher aus deutschem Rohspiritus in Deutschland hergestellt worden ist.

In den Staaten, welche einen Generaltarif und einen Konventionaltarif besitzen, bestehen bezüglich dieser Frage zum Theil auch autonome, allen Vertragsstaaten gegenüber gleichartig zur Anwendung kommende Bestimmungen, beispielsweise in Frankreich folgende Grundsätze:

Damit ein Fabrikat als aus einem vertragschließenden Staate stammend angesehen werde, ist es nicht nothwendig, daß der Rohstoff selbst aus diesem Lande stamme. So behandelt man als belgisches Produkt Leinwand, welche in Belgien aus englischen Garnen gewebt wurde. Die Bearbeitung, welche der Rohstoff empfing, muß jedoch in solchem Falle zur Folge haben, daß das Erzeugniß in eine höher besteuerte Klasse des Tarifs übergeht.

In jedem anderen Falle bleibt die Waare den Bedingungen unterworfen, welche sich aus ihrem ersten Ursprung ergeben, beispielsweise bei ungeschältem Reis, welcher in einem vertragschließenden Theile geschält worden ist.

Ein besonderer Fall betrifft die Behandlung der Seefische.

In Spanien werden Fische, welche im freien Meere von Franzosen und mit französischen Fahrzeugen gefangen werden, als französische Waare behandelt, und in Gemäßheit des spanisch-französischen Handelsvertrages nach dem Konventionaltarif verzollt.

Die zur Meistbegünstigung berechtigten Staaten haben auch in den die Nationalität der Waaren betreffenden Fragen einen Anspruch darauf, daß sie nicht ungünstiger behandelt werden, als ein dritter Staat.

Zum Schlusse der Ausführungen über Tarifvereinbarungen ist noch ein Vorschlag zu erwähnen, welcher behufs allmähliger Beseitigung der Eingangszölle dahin abzielt, die Tarifvereinbarungen in den Handelsverträgen mobilisirbar zu machen, d. h. in die letzteren die Bestimmung aufzunehmen, daß sämmtliche Zölle nach einer bestimmten Wiederkehr von Jahren um eine vereinbarte Quote derartig verringert werden, daß am Ende sich der Wegfall der Zölle von selbst ergeben würde. Als Vorzug dieses, im Wesentlichen der Theorie angehörigen Vorschlages wird von seinen Vertheidigern bezeichnet, daß durch dieses Verfahren einem sofortigen Bruch mit dem bisherigen System vorgebeugt würde, und daß die Industriellen hierdurch Zeit gewännen, sich auf den Uebergang vorzubereiten und ihre Produktionsverhältnisse um die lange vorher bekannte Zollermäßigung der ausländischen Konkurrenz anzupassen.

III.
Die Meistbegünstigung in Bezug auf die Eingangszölle.

1. Begriff. — Zweckmäßigkeitsfrage.

Nicht weniger streitig, als die Frage über die Zweckmäßigkeit von Tarifvereinbarungen, ist die Frage, ob sich eine vertragsmäßige Zusicherung des Rechtes auf Meistbegünstigung in Bezug auf die Zölle empfiehlt. Durch die Einräumung dieses Rechtes, welche der Natur der Sache nach in der Regel gegenseitig erfolgt, entsteht für den zusichernden Theil die Verpflichtung, den anderen Theil für die in dem Vertrage genannten oder nicht genannten Gegenstände unverzüglich und ohne Weiteres an jeder Begünstigung, jedem Vorrecht und jeder Ermäßigung der Eingangs-, Ausgangs- und Durchfuhrzölle Theil nehmen zu lassen, welche er einem dritten Staate eingeräumt hat oder einräumen wird. Der Staat, welchem die Meistbegünstigung zugesichert ist, hat hiernach neben dem eigenen Recht auf Genuß der ihm direkt gewährten Konzessionen auch das abgeleitete Recht auf Mitgenuß der einem anderen Staat, sei es in Folge eines Handelsvertrages oder auf autonomem Wege, eingeräumten Vortheile.

Beispielsweise, wenn deutscherseits Oesterreich der Anspruch auf Meistbegünstigung vertragsmäßig zugesichert ist und außerdem für die Einfuhr österreichischer Waaren in Deutschland bestimmte Zollsätze verabredet sind, so kann Oesterreich, falls in einem später zum Abschluß gelangenden deutsch-italienischen Handelsvertrage für die

Einfuhr italienischer Waaren in Deutschland niedrigere Sätze vereinbart werden, ohne besonderes Uebereinkommen die Anwendung dieser niedrigeren Sätze auch für seine Waareneinfuhr in Anspruch nehmen. Desgleichen kann Oesterreich, wenn in seinem Handelsvertrage mit Deutschland Tarifvereinbarungen überhaupt nicht getroffen sind, sondern wenn ihm nur die Meistbegünstigung zugesichert ist, beanspruchen, daß auf seine Waareneinfuhr in Deutschland stets die niedrigsten Zollsätze, welche deutscherseits gegenüber einem dritten Staate, gleichviel ob auf Grund eines Vertrages oder in Folge autonomer Entschließung, erhoben werden, Anwendung finden. Es verträgt sich hiernach nicht mit der Meistbegünstigung, daß einem dritten Staate vertragsmäßig oder autonom besondere ausschließliche Vorrechte vor dem meistbegünstigten Staate eingeräumt werden.

In Folge der Aufnahme der Meistbegünstigungsklausel in die europäischen Handelsverträge ist der nationale Ursprung im Handel bezüglich der Zollbehandlung in den Hintergrund getreten und das handelspolitische Interesse der meisten europäischen Staaten unter sich derart verkettet, daß für den einzelnen, in dieser Verbindung befindlichen Staat die ersatzweise Gewährung besonderer Vortheile an einen dritten Staat zum Behufe der Erlangung spezieller Begünstigungen unmöglich gemacht ist. Der Umstand, daß hierdurch die Aktionsfreiheit des Staates gebunden, seine Wirthschaftspolitik von den Vorgängen zwischen dritten Staaten abhängig gemacht und ein Präjudiz für den Abschluß künftiger Handelsverträge geschaffen wird, bildet den Hauptgrund für die prinzipielle Bekämpfung der Meistbegünstigungsklausel.

Die präjudizielle Wirkung des Zugeständnisses der Meistbegünstigung kann sich in verschiedener Weise äußern. Wenn beispielsweise Deutschland bei dem Abschlusse eines Handelsvertrages mit einem Staate die Ermäßigung des Weinzolles abgelehnt hat, weil bei der starken Weineinfuhr dieses Landes in Deutschland ein allzugroßer Ausfall in den Zolleinnahmen, oder eine Schädigung des heimischen Weinbaues zu befürchten war, dagegen diesem Lande vertragsmäßig das Recht der Meistbegünstigung zugesichert hat, so kann dieses letztere Zugeständniß dazu führen, daß später bei dem Abschlusse eines Handelsvertrages mit einem dritten Staate Deutschland auch diesem Staate die Ermäßigung des Weinzolls vorenthalten muß, obgleich dieselbe in der Beschränkung auf dieses Land zu wirthschaftlichen oder finanziellen Bedenken keinen Anlaß geben würde. Um die nachtheiligen Wirkungen der Ausdehnung der Zollermäßigung auf den erstgedachten Staat zu vermeiden, muß Deutschland in diesem Falle auf das Aequivalent verzichten, welches es im Austausch für die Ermäßigung des Weinzolls von dem dritten Staate hätte erlangen können; es geht ihm in Folge des früheren Zugeständnisses der Meistbegünstigung ein Theil der Vortheile verloren, die es bei vollständiger Aktionsfreiheit aus dem Handelsvertrage mit dem dritten Staate hätte erlangen können. Eine weitere nachtheilige Wirkung bestehender Meistbegünstigungsverpflichtungen kann insofern eintreten, als der dritte Staat, mit welchem Deutschland in Verhandlung steht, die ihm in Aussicht gestellten Tarifermäßigungen geringer schätzt, weil sie gleichzeitig auch anderen Staaten kraft der Meistbegünstigung von selbst zu Gute kommen. Jeder Staat bemißt den Werth der ihm in Aussicht gestellten Zugeständnisse nur nach dem Antheil seines eigenen Interesses. Daß auch andere Staaten die ihm einzuräumenden Vortheile mitgenießen, kann ihm unter Umständen unerwünscht sein und den Werth der Zugeständnisse in seinen Augen wesentlich herabmindern. Es kann nämlich ein erheblicher Unterschied für die Handelskonjunkturen sein, ob beispielsweise deutsches Eisen in Oesterreich zu dem gleichen Zollsatze, wie das belgische oder englische Eisen, oder ob es zu einem niedrigeren Zollsatze zugelassen wird. Selbst ein verhältnißmäßig hoher Zollsatz kann für den differentiell begünstigten Staat — vorausgesetzt, daß die übrigen konkurrirenden Staaten einen noch höheren Satz entrichten müssen — unter Umständen vortheilhafter sein, als ein mit den übrigen Konkurrenzstaaten gemeinschaftlicher niedriger Zoll.

Gegenüber solchen Nachtheilen erscheinen den Gegnern der Meistbegünstigung die aus derselben entstehenden Vortheile nur von geringerer Bedeutung. Die bei Handelsverträgen stattfindenden

Zollermäßigungen sind nach ihrer Meinung in der Hauptsache den Verhältnissen derjenigen Staaten angepaßt, welche diese Verträge schließen, und entsprechen in der Regel nur in geringem Grade dem, was von Nutzen für die dritten Staaten ist, welche den Mitgenuß der Ermäßigungen auf Grund des Meistbegünstigungsrechtes beanspruchen können.

Ungleich größere Vortheile erwachsen nach ihrer Ansicht dagegen aus der freien Befugniß, die Waaren, je nachdem sie aus dem einen oder anderen Lande kommen, bei der Verzollung verschiedenartig zu behandeln. Bei diesem Systeme sei es möglich, Handelstarifverträge unter Zugrundelegung der besonderen Stellung der Kontrahenten, ihrer relativen Stärke, ihrer Hülfsmittel und Interessen abzuschließen, ohne daß man durch Rücksichten auf dritte Staaten in dem Umfang und der Bestimmung der gegenseitigen Zugeständnisse beschränkt sei.

Gegen dieses dem System der Meistbegünstigung gegenüberstehende Differentialsystem werden Seitens der Vertreter des ersteren vielfache Bedenken erhoben. Abgesehen davon, daß hierdurch die für den Handel im Allgemeinen erwünschte Einheitlichkeit des heimischen Zolltarifes verloren ginge, bei der steigenden Entwickelung des Verkehrswesens auch eine strenge Durchführung des Differentialsystems Schwierigkeiten insofern begegnen würde, als der indirekte Handel über die mit geringeren Zollsätzen begünstigten Länder sich leicht ermöglichen ließe, besteht nach Ansicht der Vertheidiger der Meistbegünstigung das hauptsächlichste Bedenken gegen das Differentialsystem darin, daß durch solche einzelstehende Differentialtarifverträge ohne Meistbegünstigung eine Beständigkeit der Zollsätze nicht gewährleistet werde, die auswärtigen Handelsbeziehungen vielmehr fortwährenden Schwankungen ausgesetzt würden. Der Markt, welchen ein Staat für seine Produkte eben noch durch einen günstigen Vertrag mit einem anderen Staate gewonnen hätte, würde, sobald der letztere, was in seinem Belieben steht, einem dritten Staate noch größere Begünstigungen gewähre, alsbald zu Gunsten des dritten Staates wieder verloren gehen, und es bliebe alsdann nur übrig, mit den Verhandlungen von neuem anzufangen. Gegen dergleichen Ueberraschungen gewähre das Recht der Meistbegünstigung, welches eine differentielle ungünstige Behandlung ausschließe und unter allen Umständen nur Zollermäßigungen und keine Zollerhöhungen einbringen könne, die wünschenswerthe Sicherheit. In der That diente zur Förderung des Meistbegünstigungssystems hauptsächlich die Anschauung, daß durch eine differentielle Bevorzugung der Konkurrenten im Auslande der Waarenhandel des in den Zollsätzen schlechter behandelten Landes mehr benachtheiligt würde, als durch höhere, aber auf alle Konkurrenzstaaten gleichmäßig zur Anwendung kommende Zollsätze, und daß der Handel mehr, als einen von Allen gleichmäßig zu entrichtenden Zoll, selbst einen geringeren Zollsatz zu fürchten habe, wenn die Konkurrenz eines anderen Landes einen noch geringeren zahle. Auf Grund dieser Ansicht wird namentlich in Ländern, deren Export sich auf eine große Anzahl industrieller, im Auslande einem scharfen Mitbewerbe dritter Länder ausgesetzter Gegenstände vertheilt, dem Meistbegünstigungssystem, sei es, daß dasselbe auf vertragsmäßigen Verpflichtungen oder auf einer entsprechenden Handhabung der autonomen Zollpolitik beruht, auch von solchen vielfach beigepflichtet, welche mit dem freihändlerischen Bestreben, aus der Meistbegünstigungsklausel ein fruchtbares Bewegungsprinzip behufs konsequenter, stufenweiser Beseitigung der Eingangszölle zu machen, keineswegs übereinstimmen. Den Vertretern dieser Ansicht wird zuzugeben sein, daß die Anerkennung der Meistbegünstigungsklausel nicht auch die Anerkennung der letztgedachten freihändlerischen Bestrebungen bedingt; der Schwerpunkt für die Thätigkeit derjenigen, welche als prinzipielle Gegner der Eingangszölle die Zollfreiheit als Regel und die Zollpflichtigkeit nur als besondere Ausnahme gelten lassen wollen, liegt weniger in der Frage der Meistbegünstigung, als auf dem Gebiete der Tarifvereinbarungen. Eine wirksame Handhabe im freihändlerischen Sinne würde die Meistbegünstigung nur dann sein, wenn die Handelsverträge außer der letzteren stets noch Tarifvereinbarungen in der Richtung gegenseitiger Zollermäßigungen enthalten würden. Dies ist aber gerade in neuerer Zeit in der Regel nicht der Fall, und zwar war es zumeist das Meistbegünstigungssystem, welches sich aus den Eingangs erwähnten Gründen als Hinderniß für Zollermäßigungen erwies. Der Autonomie auf dem Gebiete der Zolltarifpolitik wird durch die Meistbegünstigung nur insofern vorgegriffen, als etwaige Zollermäßigungen dem meistbegünstigten Staate nicht vorenthalten werden dürfen. Die Freiheit der Bewegung in der Gestaltung der Zollsätze ist also nicht ausgeschlossen, wohl aber die Zulässigkeit der Bevorzugung eines dritten Staates durch günstigere Zollsätze. Je größer das Interesse eines Landes ist, in letzterer Beziehung freie Hand zu behalten, desto ablehnender wird dasselbe sich gegen das Meistbegünstigungssystem zu verhalten haben. Inwieweit hierzu ein Anlaß vorliegt, bemißt sich nach den thatsächlichen Verhältnissen. Beispielsweise kann ein Land, welches nur wenige große Exportartikel hat, in denen es wegen seiner besonderen Leistungsfähigkeit jeder Konkurrenz die Spitze bieten kann, ein größeres Interesse daran haben, daß in denjenigen Ländern, nach welchen sein Export gerichtet ist, durch niedrige Zollsätze für diese Artikel der Absatzmarkt erweitert wird, als daß daselbst Sicherheit gegen Bevorzugung eines dritten, für die betheiligten Industriezweige weniger gefährlichen Landes gegeben wird. Wenn in solchen Fällen, in welchen das Interesse an niedrigen Zollsätzen wegen der hierdurch ermöglichten Erweiterung der Konsum- und Absatzfähigkeit weit überwiegend ist, Meistbegünstigungsverhältnisse nicht dazwischen liegen, können die beiden betheiligten Staaten durch Austausch von Tarifzugeständnissen ohne Rücksicht auf dritte Staaten ihre speziellen Handelsbeziehungen in erwünschter Weise fördern. Der Ausgleich wird sich um so leichter vollziehen, je weniger die beiden Staaten zu befürchten haben, daß dritte Länder wegen des Ausschlusses von dem Mitgenusse der günstigeren Zollsätze Anlaß zu erfolgreichen Repressalien nehmen können. Im Allgemeinen wird allerdings, sobald eine Anzahl von Staaten, welche ein größeres Handelsgebiet von entscheidendem Einflusse repräsentiren, durch die Meistbegünstigungsklausel mit einander verbunden sind, namentlich für die kleineren Staaten ein Anreiz bestehen, sich dem Meistbegünstigungsverbande anzuschließen, um der Gefahr der Isolirung zu entgehen.

Im Uebrigen kann es den Interessen eines Landes nach Lage der Umstände entsprechen, sowohl von einer vertragsmäßigen Vereinbarung der Meistbegünstigung, als von einer differentiellen Bevorzugung einzelner Staaten abzusehen, dagegen auf autonomem Wege alle Staaten gleichmäßig zu behandeln. Diesem Verfahren neigen namentlich größere Staaten zu, deren Handels- und Absatzverhältnisse derart gestaltet sind, daß eine differentielle ungünstigere Behandlung in der Hauptsache Seitens des Auslandes nicht zu gewärtigen ist.

Für die Entwickelung der europäischen Handelspolitik in Bezug auf die Meistbegünstigung ist es von Bedeutung geworden, daß in dem Friedensvertrage zwischen dem deutschen Reiche und Frankreich vom 10. Mai 1871 beide Staaten sich ohne Beschränkung auf eine bestimmte Zeitdauer verpflichtet haben, den Grundsatz der gegenseitigen Behandlung auf dem Fuße der meistbegünstigten Nation ihren Handelsbeziehungen zu Grunde zu legen. (Vgl. Ziffer 4 dieses Kapitels.) Die Unkündbarkeit dieses Verhältnisses zwischen diesen beiden großen Ländern hat nicht zum wenigsten dazu beigetragen, daß die Aufnahme der Meistbegünstigungsklausel in die Handelsverträge europäischer Staaten eine erhebliche Ausdehnung gefunden hat, und daß, soweit die Meistbegünstigung nicht vertragsmäßig stipulirt ist, im Wesentlichen auch auf autonomem Wege vielfach eine gleichmäßige Behandlung der einzelnen Länder stattfindet.

2. Allgemeine Grundsätze. — Umfang und Wirkungen des Anspruches auf Meistbegünstigung.

Bei Tarifvereinbarungen gewähren sich die vertragschließenden Theile Ansprüche auf gewisse, im Vertrage selbst bestimmte Tarifbegünstigungen, während durch die Meistbegünstigungsvereinbarung ein Anspruch auf den Mitgenuß solcher Tarifvortheile begründet wird, welche dritten Staaten, sei es auf Grund einer vertragsmäßigen Verpflichtung oder ohne eine solche Verbindlichkeit, thatsächlich eingeräumt werden. Diese Vortheile stehen und fallen mit den dritten Verträgen, beziehungsweise autonomen Bestimmungen, und der zur Meistbegünstigung zugelassene Staat hat keinen Vortheil mehr, beziehungsweise nur noch geringeren Vortheil, wenn die Begünstigungen durch Aufhebung oder Abänderung der von seiner Mitwirkung vollständig unabhängigen Verträge oder autonomen Bestimmungen im Ganzen oder zum Theil in Wegfall kommen. Auch werden, falls zwei Vertragsstaaten über die Auslegung oder Handhabung einer in Kraft bestehenden Bestimmung ihres Vertrages einig sind, dritte Staaten auf Grund ihres Meistbegünstigungsrechtes eine anderweitige Auslegung oder Handhabung in der Regel selbst dann nicht beanspruchen können, wenn die Berechtigung ihrer Auffassung der fraglichen Vertragsbestimmung nicht bestritten werden kann.

Für die Gewährung des vertragsmäßigen Anspruches auf Meistbegünstigung wird jeder Staat die Zusicherung des gleichen Anspruches Seitens des anderen Kontrahenten verlangen. Ob darüber hinaus für die Einräumung der Meistbegünstigung noch weitere Konzessionen, namentlich auf dem Gebiete der Eingangszölle, verlangt werden können, hängt von den thatsächlichen Umständen ab. Es können sich zwei Länder die gegenseitige Meistbegünstigung vertragsmäßig ohne Rücksicht auf die Tarifverhältnisse zusichern, wenn das Interesse an einer solchen Vereinbarung auf beiden Seiten gleich ist. Ist letzteres jedoch nicht der Fall, so wird Seitens des minder interessirten Staates in der Regel eine vertragsmäßige Zusicherung der Meistbegünstigung für einen längeren Zeitraum nur solchen Staaten gegenüber eingeräumt, mit welchen gleichzeitig ein Konventionaltarif vereinbart wird, durch den eine günstige Behandlung der wichtigsten eigenen Erzeugnisse sichergestellt wird, oder welche mit einem dritten Staate für einen der eigenen Vertragsdauer mindestens gleichkommenden Zeitraum Konventionaltarife geschlossen haben, deren Mitgenuß sie durch die reziproke Gewährung des Meistbegünstigungsrechtes sicherstellen, oder endlich welche durch ihre gesammte handelspolitische Vergangenheit und Tendenz Garantie dafür bieten, daß die Einfuhr bei ihnen auf eine billige Weise wird behandelt werden.

In dem ersteren Falle, in welchem neben der Meistbegünstigungs=

klausel die gegenseitigen Beziehungen durch einen Konventionaltarif theilweise auf direktem Wege geregelt werden, lassen sich Vortheile und Nachtheile am genauesten abwägen. In dem zweiten Falle, in welchem die Vortheile nur auf abgeleitetem Wege erreicht werden, ist das Interesse mehr oder weniger bedeutend, je nachdem man aus den Seitens des Mitkontrahenten dritten Staaten gewährten Zugeständnissen größere oder geringere Vortheile für sich selbst erhofft und die Gefahr des Wegfalls dieser Vortheile in Folge der Aufhebung der dritten Verträge in geringerem oder höherem Grade befürchten muß. In dem dritten Falle, bei welchem das Vertrauen die Hauptrolle spielt, kommt insbesondere in Betracht, ob der andere Theil nach seinen Produktions- und Konsumtionsbedingungen ein dauerhaftes, natürliches Interesse an der Festhaltung mäßiger Eingangszölle hat, oder nach seiner besonderen Lage und seinen Verhältnissen Schwankungen in der handelspolitischen Tendenz ausgesetzt ist. In letzterer Beziehung würde es zu weit gehen, wenn man die Gewährung der Meistbegünstigung in allen Fällen davon abhängig machen wollte, daß eine prinzipielle und thatsächliche Gegenseitigkeit in der Tarifpolitik, und zwar sowohl in der augenblicklichen Identität der handelspolitischen Gesichtspunkte, als auch in der Gewähr für die dauernde Festhaltung derselben, vorliegen müsse. Es kann beispielsweise für ein kleines, aber industriekräftiges Land mit geringen Eingangszöllen von erheblichem Vortheil sein, in einem großen, stark bevölkerten und konsumfähigen Lande, in welchem geordnete Zahlungs- und Geschäftsverhältnisse bestehen, den Besitz der Meistbegünstigung zu erlangen, obgleich daselbst viel höhere Eingangszölle gelten.

In Bezug auf die Frage, für welche Gegenstände die Erlangung der Meistbegünstigung anzustreben sein wird, kommt in Betracht, daß ein Land zunächst auf seine eigenen Boden- und Industrieerzeugnisse Rücksicht zu nehmen hat. Bezüglich der in seinen Eigenhandel als Handelswaare übergehenden, die fremde Nationalität beibehaltenden Waaren dritter Staaten sind die den letzteren zustehenden Ansprüche entscheidend, sofern Anderes nicht verabredet ist. Falls nach Lage der Verhältnisse solche ausländische Waaren in dem anderen Vertragsstaate schlechter gestellt sein sollten, so wird das den Zwischenhandel betreibende Land für dieselben bei seinen Vertragsabschlüssen selbständig nur insoweit eintreten, als für deren Berücksichtigung der heimischen Produktion besondere Opfer nicht zugemuthet werden.

Es kann ein Land unter Umständen sogar ein Interesse daran haben, solche ausländische Handelswaaren wegen der hierdurch der heimischen Produktion im Auslande entstehenden Konkurrenz oder wegen ihrer geringeren, den Ruf des heimischen Produktes schädigenden Qualität von den Vertragsbegünstigungen fernzuhalten, um im Auslande keinen Zweifel darüber aufkommen zu lassen, daß diese Waaren nicht seines Ursprungs sind.

Rumänien behandelt autonom Waaren, welche aus einem Vertragsstaate kommen, aber aus einem Nichtvertragsstaate herstammen, doch als Waaren des Vertragsstaates, wenn dieselben mittelst Zahlung eines Eingangszolles in dessen freien Verkehr übergegangen und dadurch nationalisirt worden sind.

In gleicher Weise, wie bei der Erlangung der Meistbegünstigung zunächst auf die Boden- und Industrieerzeugnisse des eigenen Landes Rücksicht genommen wird, findet auch bei der Gewährung der Meistbegünstigung in der Regel eine Beschränkung auf die eigenen Produkte und Fabrikate des anderen Landes statt. Weitere Zugeständnisse in dieser Beziehung, namentlich gegenüber Ländern, welche keine oder nur geringe Eingangszölle haben, bei denen also Waaren dritter Staaten ohne Schwierigkeit in den freien Verkehr gesetzt werden können, führen unter Umständen zu Benachtheiligungen. Wenn z. B. Deutschland die Meistbegünstigung England gegenüber nicht nur für dessen Boden- und Industrieerzeugnisse, sondern für die Einfuhr aus England überhaupt gewähren würde, so müßte Deutschland, falls es zu einer differentiellen Zollbehandlung der amerikanischen Waaren schreiten sollte, doch diejenigen amerikanischen Erzeugnisse, welche über England nach Deutschland eingehen, als meistbegünstigte Waaren behandeln, da es nicht zulässig erschiene, zu prüfen, ob die Einfuhrgegenstände aus England auch wirklich englischen Ursprungs sind; die Thatsache, daß sie aus England kommen, müßte genügen.

Ein weiterer wichtiger Punkt der Meistbegünstigung bezieht sich darauf, daß die auf Grund derselben erwachsenden Vortheile dem Berechtigten zumeist sofort, bedingungslos und ohne Gegenleistung zu statten kommen sollen. In älteren Verträgen findet sich jedoch öfters eine theilweise Einschränkung dieses Grundsatzes.

Beispielsweise ist in dem Vertrage zwischen dem Zollverein und den Niederlanden vom 31. Dezember 1851 (Artikel 33) bestimmt:

„Wenn einer der vertragenden Theile in der Folge einem anderen Staate in Beziehung auf Handel oder auf Zölle andere oder größere, als die in dem gegenwärtigen Vertrage vereinbarten Begünstigungen gewähren sollte, so werden dieselben Begünstigungen auch dem anderen Theile zu gute kommen, welcher dieselben unentgeltlich genießen soll, wenn die Bewilligung unentgeltlich geschehen ist, oder gegen Gewährung einer Gegenleistung, wenn für die Bewilligung etwas bedungen ist, in welchem Falle die Gegenleistung zum Gegenstande eines besonderen Uebereinkommens zwischen den vertragenden Theilen gemacht werden soll."

Durch § 12 des Zusatzprotokolles vom 31. Dezember 1851 ist die vorstehende Bestimmung theilweise modifizirt.

Eine gewisse Einschränkung der Meistbegünstigung enthält auch Art. 1 der Zusatzkonvention zu dem deutsch=chinesischen Handelsvertrag, vom 31. März 1880, wonach, falls mit Zugeständnissen, welche die chinesische Regierung einer anderen Regierung macht, besondere vereinbarte Ausführungsbestimmungen verbunden sind, Deutschland, indem es für sich und seine Staatsangehörigen diese Zugeständnisse in Anspruch nimmt, auch den mit denselben verbundenen Ausführungsbestimmungen seine Zustimmung geben wird. Doch ist auch in diesem Falle die Anwendung einer Begünstigung nicht von der Gewähr einer Gegenbegünstigung, sondern nur von der Anerkennung der auf die Ausführung einer Begünstigung bezüglichen Bestimmungen abhängig gemacht.

Es ist ferner in Meistbegünstigungsverträgen wohl zulässig, daß die Meistbegünstigung vertragsmäßig für einzelne Artikel speziell ausgeschlossen wird.

In dem französisch=österreichischen Handelsvertrage vom 7. November 1881 ist von der allgemein zugesicherten Meistbegünstigung der Zucker ausdrücklich ausgenommen.

In mehrfacher Beziehung erscheint es jedoch bedenklich, einem Staate die Befugniß einzuräumen, einem Nachbarlande wegen des nachbarlichen Verhältnisses besondere Begünstigungen zu gewähren, auf welche sich die Meistbegünstigung nicht beziehen soll. Es würde hierin unter Umständen eine erhebliche Einschränkung des Meistbegünstigungsrechtes liegen. Dagegen wird es vielfach ohne Bedenken gefunden, einem Staate vertragmäßig die Befugniß einzuräumen, seinem Nachbarlande gewisse Erleichterungen im kleinen Grenzverkehr zu gewähren, auf welche die Meistbegünstigung keine Anwendung finden soll. Es wird in diesem Falle jedoch darauf zu achten sein, daß nicht unter dem Titel solcher, dem Meistbegünstigungsrechte entzogenen Grenzerleichterungen thatsächlich weitergehende, den Begriff des kleinen Grenzverkehrs übersteigende Begünstigungen gewährt werden. (Vgl. Kapitel VII, Ziff. 2.)

3. Geltendmachung von Ansprüchen auf Grund der Meistbegünstigungsklausel in einzelnen Fällen.

Die auf Grund der Meistbegünstigung zu erhebenden Ansprüche basiren, obgleich sie sich auf Vortheile beziehen, welche von dem Mitkontrahenten dritten Staaten eingeräumt sind, doch auf den eigenen mit dem Mitkontrahenten abgeschlossenen Vertrag. Bei der großen individuellen Verschiedenartigkeit der durch die Handelsverträge zur Regelung kommenden Beziehungen können sich Fälle ergeben, in welchen es mehr oder minder zweifelhaft sein kann, ob und inwieweit der Mitgenuß eines einem dritten Staate eingeräumten Vortheils auf Grund der Meistbegünstigung verlangt werden kann. Bei der Entscheidung solcher Fälle kommt es mangels allgemein anerkannter Normen und in Anbetracht der Individualität der einzelnen Vertragsverhältnisse vielfach auf die konkreten Umstände und auch darauf an, inwieweit ein Staat der von ihm als richtig erkannten Auffassung der Meistbegünstigungsklausel kraft seiner wirthschaftlichen Verhältnisse im Einzelfalle einen mehr oder weniger starken Nachdruck zu geben vermag.

Vom Standpunkt einer strikten Auslegung der in Rede stehenden Klausel wird in manchen Fällen leicht eine übereinstimmende Lösung erzielt werden.

Wenn beispielsweise in einem Handelsvertrage Gewichtszölle

auf Grund bestimmter, festgestellter Abschätzungspreise vereinbart sind, so wird dieses in der Regel den betreffenden vertragschließenden Theil nicht hindern, falls sein Mitkontrahent einem dritten Staate Werthzölle gewährt, für den betreffenden Gegenstand auf Grund der Meistbegünstigungsklausel gleichfalls die Anwendung des Werth=zolles zu verlangen, sobald ihm dieser größeren Vortheil gewähren sollte. Anlässe zur Erhebung solcher Ansprüche ergeben sich dadurch, daß die Tarife bei den Werthzöllen nach dem jeweiligen Marktpreise der Waaren berechenbar sind, bei den Gewichtszöllen dagegen mit bestimmten, auf frühere Abschätzungspreise basirenden Sätzen fest=stehen, sonach bei steigendem Marktpreise einer Waare der Gewichts=zoll, bei fallendem Marktpreise der Werthzoll vortheilhafter ist.

Mehr Anlaß zur Geltendmachung verschiedenartiger Auf=fassungen können die Fälle geben, in welchen die dem dritten Staate gewährte Begünstigung an die vorgängige oder gleichzeitige Erfüllung einer bestimmten Voraussetzung geknüpft ist. Es kann beispielsweise einem Staate von besonderer Wichtigkeit sein, zu verhindern, daß eine Zollermäßigung, welche er einem anderen Staate zugestehen will, von nichtberechtigten Ländern auf Umwegen über den freien Verkehr des anderen vertragschließenden Theiles mißbräuchlich aus=genutzt wird. Zu diesem Zwecke kann er, da Ursprungszeugnisse bei manchen Gegenständen (Getreide 2c.) eine vollständig genügende Sicherheit nicht bieten, die Gewährung einer Zollermäßigung ver=tragsmäßig davon abhängig machen, daß sein Mitkontrahent auf die bezüglichen Gegenstände gegenüber den dritten, von dem Mitgenuß der Begünstigung auszuschließenden Ländern bestimmte Eingangszölle erhebt, welche es unrentabel erscheinen lassen, die betreffenden Gegen=stände im Gebiete des Mitkontrahenten in den freien Verkehr zu setzen und demnächst als Erzeugnisse dieses Landes auszuführen. Der innere Zusammenhang dieser Voraussetzung mit der Zoller=mäßigung kann in dem betreffenden Vertrage klar zum Ausdruck gebracht sein, beispielsweise dadurch, daß die Zollermäßigung in Prozentsätzen des als Voraussetzung vereinbarten Auslandstarifes dargestellt wird. — Es fragt sich, ob ein meistbegünstigter Staat den Mitgenuß der betreffenden Zollermäßigung nur dann beanspruchen kann, wenn er diese Voraussetzung gleichfalls erfüllt, oder ob sein Anspruch auf Mitgenuß unabhängig von einer solchen Bedingung ist. In ähnlicher Weise liegt ein anderer Fall, in welchem ein Staat sich vertragsmäßig verpflichtet, eine Verzollung des Weins nach dem Alkoholgehalt insolange nicht eintreten zu lassen, als der andere Theil einen solchen Verzollungsmodus nicht anwendet. Es fragt sich, ob dritte, mit dem Anspruche auf Meistbegünstigung versehene Staaten, welche den Wein nach dem Alkoholgehalt verzollen, aber ein Interesse daran haben, daß ihnen gegenüber dieser unter Umständen ungünstigere Zollmodus nicht zur Anwendung kommt, auf Grund ihres Meistbegünstigungsanspruches zu einem Einspruche berechtigt sind, wenn ihnen gegenüber der Zoll nach dem Alkoholmaßstab erhoben wird, während dem ersterwähnten Vertragsstaate gegenüber die vortheilhaftere Verzollung nach dem Gewichte stattfindet.

Diejenigen, welche einer möglichst strengen Auslegung der Meistbegünstigungsklausel das Wort reden, werden in derartigen Fällen, namentlich wenn der Wortlaut der Meistbegünstigungsvereinbarung bezügliche Anhaltspunkte bietet, der Auffassung zuneigen, daß es auf die Bedingungen und Voraussetzungen nicht ankomme, der mit dem Anspruch auf Meistbegünstigung versehene Staat vielmehr verlangen könne, daß er jeweils thatsächlich nicht schlechter als ein dritter Staat behandelt werde.

Eine mehr praktisches Interesse bietende Frage bezieht sich darauf, inwieweit die Einschränkung von Zollermäßigungen auf die über eine bestimmte Grenzstrecke (Seegrenze oder einen Theil der Landgrenze) eingehenden Waaren mit den Verpflichtungen hinsichtlich der Meistbegünstigung vereinbar ist. Durch die Gewährung von Vortheilen für eine bestimmte Grenzstrecke werden die von der letzteren weitab liegenden Länder gegenüber denjenigen, welche diese Grenzstrecke leichter erreichen können, thatsächlich mehr oder minder stark benachtheiligt. Diese Frage hat namentlich in Bezug auf die Einfuhr zur See praktische Bedeutung gewonnen. Oesterreich-Ungarn gewährt beispielsweise ermäßigte Zollsätze für die Einfuhr von Kolonialwaaren und für Gewürze zur See zu dem ausgesprochenen Zwecke, die Einfuhr über die Seehäfen Triest und Fiume zu heben. Zur Begründung der Zulässigkeit dieser Maßregel wird angeführt, daß den Vertragsstaaten aus der Meistbegünstigungsklausel ein Anspruch nicht zustehe, sofern der Grundsatz festgehalten werde, daß die Zollermäßigung nicht ausschließlich den direkt aus den überseeischen Ursprungsländern, sondern allgemein den zur See eingeführten Waaren der betreffenden Kategorie ohne Rücksicht auf ihr Herkunftsland bewilligt werde. Wenn das erstgedachte Prinzip gewählt würde, könnten allerdings Vertragsstaaten eine Verletzung ihres Meistbegünstigungsrechtes darin erblicken, daß die Provenienz eines dritten Staates bei der Einfuhr unter gewissen Bedingungen (nämlich der direkten Einfuhr zur See) hinsichtlich des Betrages der Eingangsabgaben günstiger gestellt wäre, als die Provenienz des anderen Staates, welchem der Anspruch auf Meistbegünstigung zustehe. Da indessen nicht der direkte Import aus dem Ursprungslande, sondern der Import zur See überhaupt, sonach ohne Rücksicht auf das Herkunftsland mit einer Zollermäßigung bedacht sei, so liege eine Verletzung des Meistbegünstigungsrechtes nicht vor. Es ist anzuerkennen, daß bei diesem Verfahren nur eine bestimmte Transportweise, nämlich diejenige zur See, nicht aber eine bestimmte Provenienz differentiell begünstigt wird; t h a t s ä c h l i c h kann indessen eine solche Maßregel auf eine erhebliche Begünstigung der Provenienzen einzelner Staaten hinauskommen, und sie wird um so weniger als einwandsfrei gehalten, je mehr ein solcher Zweck ersichtlich ist.

Das Prinzip einer Zollermäßigung für die Einfuhr zur See könnte auch in die Form eines Zollzuschlages für die Einfuhr über die sämmtlichen Landgrenzen gekleidet werden. Der erstere Modus wird jedoch deßhalb vorgezogen, um das Prinzip auch bei solchen Gegenständen anwenden zu können, deren Zollsatz etwa vertragsmäßig gebunden ist, sowie auch aus dem Grunde, weil die Form einer Zollermäßigung geeignet ist, weniger die Empfindlichkeit des Auslandes zu verletzen, als die Form eines Zollzuschlages auf die Einfuhr über dessen Landgrenze.

Eine Abschwächung der differentiellen Begünstigung der

Seeeinfuhr würde dann vorliegen, wenn dieselbe nicht auf den zur See eingehenden Bedarf des ganzen Binnenlandes ausgedehnt, sondern auf den Bedarf der an die See angrenzenden Landestheile, um diesen eine Erleichterung für ihre naturgemäßen Bezugswege zu gewähren, beschränkt würde.

Wenn, abgesehen von besonderen, durch die Verhältnisse gerechtfertigten Fällen, vom Standpunkte einer genauen Auslegung des Meistbegünstigungsrechtes schon die differentielle Bevorzugung der Seeeinfuhr trotz ihrer selbständigen Transportweise zu Zweifeln Anlaß geben kann, so werden noch erheblichere Einwendungen gegen die Uebertragung eines solchen Verfahrens auf einen Theil der Landgrenze erhoben, da hier eine Verschiedenartigkeit der Transportweise nicht vorliegt, und die Schädigung der an der nichtbegünstigten Grenzstrecke gelegenen Länder eine ungleich wirksamere ist. So würde beispielsweise bei einer differentiellen Begünstigung der Ostgrenze der Handel der unmittelbar an der Westgrenze gelegenen Länder von dem Mitbewerb in den meisten Fällen, wenn nicht ganz ausgeschlossen, so doch jedenfalls erheblich verdrängt werden.

4. Die Meistbegünstigungsklausel in dem frankfurter Friedensvertrage zwischen dem deutschen Reich und Frankreich vom 10. Mai 1871.

Unter Art. 11 des Friedensvertrages zwischen dem deutschen Reich und Frankreich vom 10. Mai 1871 findet sich die folgende Bestimmung:

„Da die Handelsverträge mit den verschiedenen Staaten Deutschlands durch den Krieg aufgehoben sind, so werden die deutsche Regierung und die französische Regierung den Grundsatz der gegenseitigen Behandlung auf dem Fuße der meistbegünstigten Nation ihren Handelsbeziehungen zu Grunde legen. Die Regel umfaßt die Eingangs- und Ausgangsabgaben, den Durchgangsverkehr, die Zollförmlichkeiten, die Zulassung und Behandlung der Angehörigen beider Nationen und der Vertreter derselben.

Jedoch sind ausgenommen von der vorgedachten Regel die

Begünstigungen, welche einer der vertragenden Theile durch Handels=
verträge anderen Ländern gewährt hat oder gewähren wird, als den
folgenden: England, Belgien, Niederlande, Schweiz, Oesterreich,
Rußland."

Ueber die Entstehung dieser unkündbaren Meistbegünstigungs=
klausel liegt eine Aeußerung des französischen Handelsministers
Tirard in der Senatssitzung vom 18. März 1880 gegenüber
dem Abgeordneten Pouyer=Quertier dahin vor, daß die deutsche
Regierung bei den Friedensverhandlungen den Vorschlag gemacht
habe, den früheren Handelsvertrag zwischen dem Zollverein und
Frankreich nicht an seinem natürlichen Endtermin ablaufen zu
lassen, sondern denselben auf 10 Jahre, d. h. bis zu dem Jahre
1881, zu verlängern.

Der französische Unterhändler Pouyer=Quertier habe diesen
Vorschlag abgelehnt, dagegen die Proposition der unkündbaren
Meistbegünstigungsklausel, wie solche in dem Friedensvertrag ent=
halten sei, angenommen.

Handelspolitische Bestimmungen finden sich auch in anderen
politischen Verträgen, beispielsweise in dem Berliner Vertrage vom
13. Juli 1878, durch welchen die Unabhängigkeit Serbiens aner=
kannt worden ist, die Bestimmung, daß bis zum Zustandekommen
neuer Abmachungen in Serbien an den gegenwärtigen Handels=
beziehungen des Fürstenthums zu den fremden Ländern nichts ge=
ändert werden und von den Waaren, welche durch Serbien gehen,
kein Durchgangszoll erhoben werden dürfe. In dieser letztgedachten
Bestimmung ist die Möglichkeit einer Aenderung des damaligen
handelspolitischen Verhältnisses zwischen Serbien und den europäi=
schen Staaten ins Auge gefaßt. Dagegen bildet die ständige,
zeitlich unbegrenzte und mit der Absicht der Herstellung eines ein=
seitig unlösbaren Verhältnisses getroffene Vereinbarung des Frank=
furter Friedensvertrages ein bis jetzt allein dastehendes Novum auf
handelspolitischem Gebiete. Diese Bestimmung hat sich von be=
sonderer Tragweite für die Entwickelung der europäischen Handels=
politik insofern gezeigt, als sie eine differentielle Begünstigung dritter
Staaten Seitens der beiden großen mächtigen Länder hindert und
hierdurch der Ausdehnung des Meistbegünstigungsverbandes gewissen
Vorschub leistet. Als ein Vortheil der Unkündbarkeit wird betrachtet,

daß die Handelsbeziehungen zwischen den beiden Staaten auf einen festen, unabänderlichen, von dem Wechsel der Verhältnisse unabhängigen Boden gestellt sind; andererseits werden gegen dieselbe in verstärktem Maße alle Bedenken geltend gemacht, welche sich gegen eine dauerhafte Festlegung der Aktionsfreiheit in handelspolitischen Dingen erheben lassen.

Was die Auslegung der in Rede stehenden Bestimmung betrifft, so wird zumeist angenommen, daß durch dieselbe Vereinbarungen mit dritten Staaten bezüglich des Grenzverkehrs und des Veredelungsverkehrs nicht berührt werden. Im Uebrigen wird der Einschränkung der Meistbegünstigungsklausel auf die einer Anzahl bestimmter Staaten gewährten Vortheile bei der gegenwärtigen Sachlage eine unmittelbare praktische Bedeutung weniger beigelegt, da in Folge der Ausdehnung der vertragsmäßigen Meistbegünstigung unter den verschiedenen europäischen Staaten zur Zeit in der Regel abgeleitete Rechtsbeziehungen vorliegen. Wenn beispielsweise Italien auch nicht unter den Staaten aufgeführt ist, bezüglich welcher Frankreich den Mitgenuß etwaiger deutscher Tarifkonzessionen kraft der Meistbegünstigung beanspruchen kann, so kommen doch die Tarifzugeständnisse, welche Deutschland gegenüber Italien macht, den deutscherseits meistbegünstigten Ländern, England, Oesterreich 2c., und, da diese Staaten in dem Friedensvertrage genannt sind, auf diesem abgeleiteten, indirekten Wege auch Frankreich zu. Zu Gunsten einer gegentheiligen Auffassung wird nur angeführt, daß durch diesen indirekten Weg die Bestimmung, beziehungsweise Einschränkung des Friedensvertrages thatsächlich illusorisch werde und angenommen werden dürfe, daß dies nicht beabsichtigt gewesen sei.

Die Unkündbarkeit der Meistbegünstigungsvereinbarung schließt nicht aus, daß, unbeschadet ihres Fortbestandes, nebenher zwischen Deutschland und Frankreich spezielle kündbare Tarifvereinbarungen für eine bestimmte Zeitdauer abgeschlossen werden können.

IV.

Rückblick auf die Geschichte der Handelsverträge (Tarifvereinbarungen und Meistbegünstigung).

Durch die Tarifgesetzgebung der Jahre 1818 und 1821 erkannte Preußen im Prinzip die Zulassung der Einfuhr jeder fremden Waare mit Ausnahme einiger damaliger Monopolgegenstände an und führte den Grundsatz durch, daß im Großen und Ganzen jede eingehende Waare zollpflichtig sein soll, insbesondere auch der überwiegend größte Theil der Rohstoffe und der Materialien für die Fabrikation.

In der Einleitung des preußischen Tarifgesetzes vom 26. Mai 1818 ist als eines der Ziele bezeichnet: durch eine angemessene Besteuerung des äußeren Handels und des Verbrauches fremder Waaren die inländische Gewerbsamkeit zu schützen. Desgleichen war daselbst der Grundsatz aufgestellt: Handelsfreiheit soll bei den Verhandlungen mit anderen Staaten in der Regel die Grundlage bilden; Erleichterungen, welche der preußische Staat in fremden Staaten findet, sollen erwiedert, sowie Beschränkungen, von denen er wesentlich leidet, vergolten werden. Zur Förderung des wechselseitigen Verkehrs sollen Handelsverträge mit fremden Ländern geschlossen werden.

In letzterer Beziehung ist insbesondere der Handelsvertrag zwischen Preußen und den Vereinigten Staaten von Amerika vom 1. Mai 1828 bemerkenswerth, in welchem bereits die gegenseitige Behandlung der Erzeugnisse des Bodens oder des Kunstfleißes auf dem Fuße der meistbegünstigten Nation verabredet wurde.

Die preußische Tarifgesetzgebung ging im Wesentlichen in den Zollverein über. Während in der ersten Vertragsperiode des letzteren wesentliche Tarifänderungen nicht erfolgten, fanden von 1842 ab hauptsächlich auf Anregung der süddeutschen Regierungen und Ständeversammlungen Zollerhöhungen und demnächst in der Periode von 1851 bis 1861 allmählig wieder Zollermäßigungen vorzugsweise bei den Fabrikmaterialien statt. In die letztgedachte Zeit fiel auch die Aufhebung der Durchgangsabgaben. Im Ganzen stand einer autonomen Fortbildung des Tarifs die Verfassung des Zollvereins entgegen, wonach für Tarifänderungen die Uebereinstimmung sämmtlicher Vereinsmitglieder erforderlich war. In Folge dessen war es nicht erreichbar, vor dem Abschlusse von Handelsverträgen durch autonome Vereinsgesetzgebung eine für die Vertragsverhandlungen günstigere Grundlage zu schaffen. Es mußte vielmehr auf Grund des aus älterer Zeit überkommenen Tarifs mit den fremden Staaten in Unterhandlung getreten werden, und wesentliche Aenderungen des Tarifes kamen nur bei dem jeweiligen Ablauf der Zollvereinsverträge oder auf dem Wege des Abschlusses von Zoll- und Handelsverträgen mit fremden Staaten zu Stande. In dieser Beziehung war bereits in den Zollvereinsverträgen von 1833 bestimmt, daß sich die Vereinsregierungen bemühen werden, durch Handelsverträge mit anderen Staaten dem Verkehre ihrer Angehörigen jede mögliche Erleichterung und Erweiterung zu verschaffen. Den Vereinsstaaten blieb das Recht, mit anderen, außerhalb des Zollverbandes gelegenen Staaten zur Erleichterung des Handels und Verkehrs Verträge zu errichten. Durch solche Verträge durften indessen die Bestimmungen der Zollvereinsverträge nicht verletzt werden. Auch sollte hierbei der Gesichtspunkt festgehalten werden, daß sowohl die Erleichterungen und Vortheile, welche auf der einen Seite ein außerhalb des Vereins gelegener Staat dem mit ihm kontrahirenden Staate zugesteht, auch den Angehörigen und Erzeugnissen der anderen Vereinsstaaten gesichert, als daß die dem fremden Staate auf der anderen Seite gemachten Zugeständnisse nicht blos in dem Verhältnisse zu dem einzelnen kontrahirenden Vereinsstaate, sondern auch in der Rückwirkung auf den Verein

überhaupt, durch die dem letzteren zugehenden Verkehrs- und Handels-
vortheile möglichst aufgewogen werden.

Von größerer Bedeutung für die Handelsvertragspolitik des
Zollvereins war der mit Oesterreich unterm 19. Februar 1853 ab-
geschlossene Handelsvertrag, in welchem sowohl das gegenseitige
Recht der Meistbegünstigung, als auch spezielle, exklusive Tarif-
herabsetzungen für den deutsch-österreichischen Verkehr, sogenannte
Zwischenzollsätze, vereinbart wurden, neben welchen in beiden Ländern
die allgemeinen Tarife als Regel für den Verkehr mit dem übrigen
Auslande in Kraft blieben.

Der exklusive Charakter des in diesem Vertrage ausschließlich
für den Verkehr zwischen Deutschland und Oesterreich vereinbarten
Tarifes fand einen besonderen Ausdruck in der Bestimmung des
Vertrages, daß jeder der beiden Theile befugt sein sollte, in dem
Falle, wenn der andere Theil die Zollsätze seines allgemeinen, den
dritten Ländern gegenüber gültigen Tarifes allgemein oder für gewisse Grenzstrecken oder Zollämter ermäßigte, die betreffende Waare
einem Zwischenzoll, beziehungsweise einer Erhöhung des Zwischen-
zolls und zwar in dem einen wie in dem anderen Falle zu einem
der anderseitigen Zollermäßigung entsprechenden Betrage, zu unterwerfen. Diese Vereinbarung gegenseitiger ausschließlicher Begünstigungen, welche die Herstellung einer Zolleinigung zwischen
Deutschland und Oesterreich anbahnen sollte, hatte ihre natürliche
Begründung in dem thatsächlichen Umstand, daß die längste Zollgrenze, welche beide Länder haben, ihre gemeinschaftliche ist, ferner
in der vielfach sich ergänzenden Produktion der beiden Länder auf
landwirthschaftlichem und gewerblichem Gebiet sowie in den vielen
nationalen und persönlichen Beziehungen der beiden Staaten.

Inzwischen hatte sich in Deutschland eine Strömung für eine
Ermäßigung der Eingangszölle und gegen die vertragsmäßige Gewährung ausschließlicher Begünstigungen an einzelne Staaten ge-
bildet, welche durch den Abschluß des Handelsvertrages zwischen
Frankreich und England vom 23. Januar 1860 Vorschub erhielt.
Durch diesen Vertrag brach Frankreich mit dem, bis dahin von ihm
verfolgten Prohibitivsystem und bahnte den Uebergang zu einem

Systeme von mehr oder minder hohen Schutzzöllen, welche zunächst nur für die durch Ursprungsatteste zu beglaubigenden Erzeugnisse Englands gelten, aber im Wege weiterer, mit den übrigen Industriestaaten abzuschließender Verträge zum Inhalt eines allgemein geltenden französischen Tarifs werden sollten. Während Frankreich sich hiernach zunächst nur für englische Produkte öffnete und sich vorbehielt, mit dritten Staaten besondere Verträge zu schließen, generalisirte England seine in dem Vertrage gewährten Zugeständnisse und machte hierdurch seine Tarifherabsetzungen und Zollaufhebungen sofort zum Gemeingut aller Staaten. Durch dieses Vorgehen Englands entstand eine bis dahin unbekannte Form und Wirkung des Handelsvertrages, indem diese Verträge sonst in der Hauptsache direkt auf den Austausch gegenseitiger spezieller Begünstigungen hinausliefen und ihre Wirkungen sich auf die vertragschließenden Staaten beschränkten.

Der vorerwähnte Wunsch Frankreichs auf Abschluß weiterer Handelsverträge begegnete einem gleichen Bestreben des Zollvereines. Für den letzteren war die Absicht leitend, auch der deutschen Industrie auf dem französischen Markte diejenige günstige Behandlung zu erwirken, welche Frankreich den Erzeugnissen Englands zugestanden hatte; außerdem machte sich immer mehr das Bestreben nach einer Revision des Zollvereinstarifes geltend, welche bis dahin an der Nothwendigkeit der Uebereinstimmung aller Glieder des Zollvereins gescheitert war.

Bei den im Jahre 1860 zwischen Preußen und Frankreich eröffneten Verhandlungen verlangte Frankreich für die Durchfuhr und in der Hauptsache auch für die Ausfuhr gegenseitige Zollfreiheit, bezüglich der Einfuhr die Vereinbarung bestimmter Zollsätze für die wichtigsten Gegenstände, außerdem die gegenseitige Behandlung auf dem Fuße der meistbegünstigten Nation. Preußen trat von Anfang an mit dem Gesichtspunkte in die Verhandlungen ein, daß die an Frankreich zu bewilligenden Tarifzugeständnisse nicht auf die Erzeugnisse Frankreichs zu beschränken, sondern auf die Erzeugnisse aller anderen Länder gleichmäßig anzuwenden seien. Nur Belgien und der Schweiz gegenüber beabsichtigte Preußen aus speziellen handelspolitischen Gründen den neuen Zolltarif vorläufig noch nicht anzuwenden. Da dies indessen nur ein vorübergehender Zustand sein sollte, konnte Frankreich von Anfang an annehmen, daß es irgend welche ausschließliche Begünstigungen nicht erlangen werde. In dem nach langen Verhandlungen am 29. März 1862 zu Stande gekommenen Vertrage war eine große Anzahl wichtiger Tariffestsetzungen sowie das gegenseitige Recht der Meistbegünstigung vereinbart. In den Genuß der deutschen Tarifermäßigungen trat unmittelbar und ohne Gegenleistung Oesterreich auf Grund der in dem deutsch-österreichischen Vertrage vom 19. Februar 1853 enthaltenen Meistbegünstigungsklausel. Dieser Staat war außerdem auf Grund der obenerwähnten Bestimmung dieses Vertrages berechtigt, dem Zollvereine gegenüber seine Zwischenzollsätze für alle diejenigen Artikel, für welche die bisher gegenüber Frankreich bestandenen deutschen Zollsätze ermäßigt wurden, um einen dieser Ermäßigung entsprechenden Betrag zu erhöhen. Aus diesem Grunde mußte Preußen bei den Verhandlungen mit Frankreich sein Augenmerk auch darauf richten, soweit als möglich Tarifherabsetzungen, welche Oesterreich zu einer entsprechenden Erhöhung seiner Zwischenzollsätze hätten veranlassen können, zu vermeiden.

Alsbald nach Abschluß des Vertrages zwischen Preußen und Frankreich drängte im Zollverein die Frage zur Entscheidung, ob die daselbst festgesetzten deutschen Tarifermäßigungen als allgemeiner, auf alle Länder in Anwendung zu bringender Tarif zu erklären seien. Schon in dem Berichte der vereinigten Kommissionen des preußischen Abgeordnetenhauses über diesen Vertrag war gegen die Beibehaltung ausschließlicher Zollbegünstigungen durch folgende Ausführungen Stellung genommen:

„Die ausschließlichen Zollbegünstigungen sind nicht nur deshalb verwerflich, weil sie ein kompliziertes Tarifsystem schaffen, sondern ganz besonders auch deshalb, weil sie die Industrie des bevorzugten Landes an der Besteuerung der eigenen Konsumtion und Produktion Theil nehmen lassen, also einen Zollschutz zu Gunsten fremder Industrien enthalten. Freilich ist auch dieses Verhältniß ein gegenseitiges; es werden dagegen auch unsere Industrien an dem in dem anderen Lande bestehenden Zollschutz betheiligt. Allein eine industrielle Entwickelung begünstigen, welche auf fremden Zollschutz basirt, heißt Kapitalverwendungen bevorzugen, deren Einträglichkeit auf äußerst schwachen Füßen steht. — Der Zollverein hat daher in früherer Zeit nur vorübergehend und nicht zu seinem wahren Vortheile Handelsverträge abgeschlossen, welche auf der Ausschließlichkeit der Zollbegünstigungen beruhten." —

Dieser Auffassung entsprechend wurde vom 1. Juli 1865 ab das Ergebniß der Vertragsverhandlungen mit auswärtigen Staaten, insbesondere dasjenige der Handelsverträge mit Frankreich und Oesterreich, maßgebend für den gesammten deutschen Zolltarif. Was diesen Staaten vertragsmäßig zugesichert war, wurde ohne Vorbehalt differentieller Behandlung anderer Staaten in den allgemein gültigen deutschen Zolltarif vom 1. Juli 1865 aufgenommen. Die auf diese Weise in den deutschen Tarif übernommenen Zollermäßigungen waren nur durch ihre Verknüpfung mit den Handelsverträgen zu erreichen, da autonome Zollherabsetzungen im Zollverein wegen des Erfordernisses der Einstimmigkeit der Vereinsmitglieder schwer durchzusetzen waren, während die Zustimmung zu den Handelsverträgen leichter zu erzielen war. Dieser Umstand, daß die Tarifreform des Zollvereins im Wege der Verhandlungen mit fremden Staaten zu Stande kam, hat in mancher Beziehung sichtbare Spuren zurückgelassen.

Eine wesentliche Aenderung der Verhältnisse erfolgte durch die in den Zollvereinsvertrag vom 8. Juli 1867 aufgenommene Bestimmung, daß Preußen in Ausübung des Präsidiums des Bundesraths des Zoll- und Handelsvereins berechtigt sei, im Namen der Zollvereinsstaaten Handels- und Schifffahrtsverträge mit fremden Staaten einzugehen. Zum Abschluß solcher Verträge war die Zustimmung des Bundesraths und zu ihrer Gültigkeit die Genehmigung des Zollparlaments erforderlich. Die hiernach Preußen übertragene Berechtigung war eine ausschließliche, auf diesen Staat beschränkte.

An Stelle dieser Bestimmung trat demnächst im Jahre 1871 der Art. 11 der Reichsverfassung, wodurch dem Kaiser das ausschließliche Recht eingeräumt ist, Namens des Reichs Verträge mit fremden Staaten einzugehen. Insoweit jedoch diese Verträge sich auf solche Gegenstände beziehen, welche nach Art. 4 in den Bereich der Reichsgesetzgebung gehören (wie dies in der Regel bei mehr oder minder zahlreichen Bestimmungen der Zoll-, Handels- und Schifffahrtsverträge der Fall ist), so ist zu ihrem Abschluß die Zustimmung des Bundesraths und zu ihrer Gültigkeit die Genehmigung des Reichstages erforderlich. Nach Auswechselung der Ratifikationsurkunden und Veröffentlichung des Vertrages im Reichsgesetzblatt hat der letztere den Charakter eines Reichsgesetzes.

Die durch diese Organisationsänderungen gewonnene größere Einheitlichkeit der leitenden und beschließenden Organe begünstigte das Bestreben einer autonomen Entwickelung des Zolltarifes. Zunächst wurde nach Abschluß eines neuen Handelsvertrages mit Oesterreich unterm 9. März 1868 abermals durch ein besonderes Gesetz bestimmt, daß die in diesem Vertrage deutscherseits zugestandenen Zollbefreiungen und Zollermäßigungen gleichzeitig mit dem Vollzuge des Vertrages für die Einfuhr aus allen Ländern in Wirksamkeit treten sollten. Nur die Ermäßigung der Weinzölle wurde auf die damals meistbegünstigten Länder beschränkt, was zur Folge hatte, daß die portugiesischen Weine einem erhöhten Zolle unterlagen, bis unterm 2. März 1872 ein Handelsvertrag zwischen Deutschland und Portugal zu Stande kam. Außer den durch die Handelsverträge veranlaßten Tarifherabsetzungen wurden seit Gründung des norddeutschen Bundes weitere, nicht unerhebliche Zollermäßigungen auf autonomem Wege herbeigeführt.

Die Aenderung dieses Systems erfolgte bekanntlich durch die umfassende, die Sicherstellung des inländischen Marktes für die heimische Produktion bewirkende Tarifreform des Jahres 1879.

Von den zahlreichen, zur Zeit bestehenden Handelsverträgen zwischen dem deutschen Reich und fremden Staaten enthalten nur diejenigen mit der Schweiz vom 23. Mai 1881, mit Italien vom 4. Mai 1883 und mit Spanien vom 12. Juli 1883 gegenseitige Tarifvereinbarungen, während in einigen anderen Verträgen, z. B. denjenigen mit Rumänien vom 14. November 1877 und mit Serbien vom 6. Januar 1883 einseitige Tarifverpflichtungen dieser Länder vorkommen. Im Uebrigen ist in der Mehrzahl der deutschen Handels- und Schifffahrtsverträge bezüglich der Zölle die gegenseitige Behandlung auf dem Fuße der meistbegünstigten Nation vereinbart.

Die Tarifvereinbarungen in dem Handelsvertrage mit der Schweiz betreffen nur die Bindung einzelner bestehender Zollfreiheiten, während in den Verträgen mit Italien und der Schweiz deutscherseits einige Zollermäßigungen zugestanden sind. Die letzteren finden von selbst auch auf diejenigen Staaten Anwendung, welche einen vertragsmäßigen Anspruch hierauf haben.

Hierzu gehören gegenwärtig außer Italien und Spanien die folgenden Staaten:

Argentinische Konföderation (Freundschafts=, Handels= und Schifffahrtsvertrag mit dem Zollverein vom 19. September 1857);

Belgien (Handelsvertrag mit dem Zollverein vom 22. Mai 1865);

Chile (Freundschafts=, Handels= und Schifffahrtsvertrag mit Preußen und den übrigen Staaten des Zollvereins vom 1. Februar 1862 nebst Additionalakte vom 14. Juli 1869);

Costarica (Freundschafts=, Handels= und Schifffahrtsvertrag vom 18. Mai 1875);

Frankreich (Friedensvertrag vom 10. Mai 1871);

Großbritannien (Handelsvertrag mit dem Zollverein vom 30. Mai 1865);

Hawaiische Inseln (Freundschafts=, Handels=, Schifffahrts= und Konsularvertrag vom $\frac{25. März}{19. September}$ 1879);

Liberia (Handels= und Schifffahrtsvertrag mit dem norddeutschen Bunde vom 31. Oktober 1867, welchem Bayern, Württemberg, Baden und Hessen laut der am 18. Februar 1869, 11. August 1868, 24. April 1868 und 29. Dezember 1868 ausgetauschten Erklärungen beigetreten sind);

Mexiko (Freundschafts=, Handels= und Schifffahrtsvertrag vom 5. Dezember 1882);

Niederlande (Handels= und Schifffahrtsvertrag mit dem Zollverein vom 31. Dezember 1851);

Oesterreich=Ungarn (Handelsvertrag vom 23. Mai 1881);

Persien (Freundschafts=, Handels= und Schifffahrtsvertrag vom 11. und 16. Juni 1873);

Portugal (Handels= und Schifffahrtsvertrag vom 2. März 1872);

Rumänien (Handelskonvention vom 14. November 1877);

Schweiz (Handelsvertrag vom 23. Mai 1881);

Serbien (Handelsvertrag vom 6. Januar 1883.

[vgl. Centralblatt für das deutsche Reich 1883, Seite 296]).

Außerdem kann auf Grund des § 2 des Gesetzes vom 10. September 1883 durch kaiserliche Verordnung nach erfolgter Zustimmung des Bundesrathes, vorbehaltlich der Genehmigung des Reichstages, angeordnet werden, daß die Zollermäßigungen, welche in den Verträgen mit Italien und Spanien enthalten sind, auch solchen Staaten gegenüber Anwendung finden, welche einen vertragsmäßigen Anspruch auf diese Ermäßigungen nicht haben.

Auf Grund dieser Bestimmung sind die in Rede stehenden Zollermäßigungen durch die Allerhöchste Verordnung vom 20. Oktober 1883, vorbehaltlich der Genehmigung des Reichstages, auch auf die Türkei und auf Griechenland ausgedehnt worden.

V.

Verkehrsverbote. — Ausfuhr- und Durchfuhrzölle. — Unterscheidungszölle. — Werthzölle.

Außer der Frage der beiderseitigen Eingangszölle, deren Erledigung bei den Handelsvertragsverhandlungen zumeist den wichtigsten und schwierigsten Punkt bildet, kommen bei einer vertragsmäßigen Regelung der äußeren Handelspolitik noch mehrere andere wichtige Punkte des Zolltarifsystems vorzugsweise in Betracht, nämlich:

die Einfuhr-, Ausfuhr- und Durchfuhrverbote;
die Ausfuhr- und Durchfuhrzölle;
die Unterscheidungszölle zu Gunsten der direkten Einfuhr;
die Werthzölle.

1. Einfuhr-, Ausfuhr- und Durchfuhrverbote. — Ausfuhr- und Durchfuhrzölle.

In manchen Handelsverträgen hat der Grundsatz Aufnahme gefunden, daß der Verkehr in der Regel durch Einfuhr-, Ausfuhr- oder Durchfuhrverbote nicht gehemmt werden soll.

Die Zulässigkeit von Einfuhrverboten ist jedoch zumeist vorbehalten: für Monopolgegenstände wie Taback, Salz, Schießpulver und sonstige Sprengstoffe, ferner für sicherheits- und gesundheitspolizeiliche Rücksichten und in Beziehung auf Kriegsbedürfnisse unter außerordentlichen Umständen.

Zu den zulässigen polizeilichen Vorkehrungen werden auch alle jene Vorsichtsmaßregeln gerechnet, die zum Schutze der Landwirthschaft gegen die Einschleppung und Verbreitung schädlicher Insekten (z. B. der Reblaus, des Koloradokäfers) ergriffen werden müssen. Auch aus allgemeinen polizeilichen Erwägungen können Einfuhrverbote begründet und vertragsmäßig vorbehalten sein, beispielsweise Verbote gegen die Einfuhr von Nachdruckgegenständen, von unsittlichen Bildern, von unterwerthigen ausländischen Münzen, gewisser Waffen, oder von Waaren, welche mißbräuchlich mit den Namen oder Marken heimischer Firmen hergestellt sind.

Ausfuhrverbote werden namentlich in Bezug auf Pferde, Hunde starker Rasse und Kriegsmaterial, öfters auch für alterthümliche Gegenstände (Antiken) vorbehalten. In einigen Verträgen sind andererseits auch einzelne Gegenstände des Lebensbedürfnisses, namentlich Getreide, Schlachtvieh und Brennmaterialien, als solche bezeichnet, welche mit Ausfuhrverboten nicht belegt werden dürfen.

In neuerer Zeit wird statt eines Ausschlusses der Ein-, Aus- und Durchfuhrverbote und der Bezeichnung der zulässigen Ausnahmsfälle in den Handelsverträgen vielfach nur die Vereinbarung getroffen, daß sich die vertragschließenden Theile verpflichten, den gegenseitigen Verkehr zwischen ihren Gebieten durch keinerlei Ein-, Aus- oder Durchfuhrverbot zu hemmen, welches nicht entweder gleichzeitig auf alle, oder doch unter gleichen Voraussetzungen auch auf andere Nationen Anwendung findet. Die letztere Bestimmung bezieht sich auf diejenigen Fälle, in welchen der Natur der Sache nach nicht alle, sondern nur einzelne bestimmte Staaten betheiligt sind. Wenn es sich beispielsweise zur Bekämpfung der Reblaus als nothwendig herausstellt, die Einfuhr gewisser Gegenstände aus den weinbauenden Ländern zu verbieten, so liegt unter Umständen kein Anlaß vor, ein solches Verbot auch auf die Provenienz solcher Länder auszudehnen, in welchen Wein nicht gebaut wird. Aus der Zulassung der Einfuhr dieser letzteren Länder wird in diesem Falle ein weinbauendes Land Einsprache gegen ein auf die weinbauenden Länder beschränktes Einfuhrverbot nicht erheben können.

Von den durch Ausfuhr- und Durchfuhrverbote nicht

betroffenen Gegenständen können Ausfuhr-, beziehungsweise Durchfuhrzölle erhoben werden.

Ausfuhrzölle, welche früher in den meisten Staaten in großer Anzahl bestanden, sind auch zur Zeit noch vielfach für gewisse Gegenstände (hauptsächlich Rohprodukte), wie Schwefel, Lumpen, Häute, Eisen-, Blei- und Kupfererze, See- und Steinsalz u. s. w., in Kraft, übersteigen jedoch zumeist nicht den Betrag einer Kontrolgebühr. Zu Gunsten der Ausfuhrzölle wird angeführt, daß zum Gedeihen der Industrie vor allem geeignetes und billiges Rohmaterial gehöre, und daß daher die im Lande gewonnenen Produkte vorzugsweise der heimischen Fabrikation erhalten werden müßten.

Vielfach wird namentlich die Nothwendigkeit betont, durch Ausfuhrzölle auf Felle und Häute, sowie auf Lumpen der heimischen Leder- und Papierfabrikation zu Hülfe zu kommen.

Von den Gegnern der Ausfuhrzölle wird dagegen darauf hingewiesen, daß durch die letzteren der Handel und die Verwerthung der betreffenden Gegenstände zum Nachtheil der Producenten beeinträchtigt und die Entwickelung der Rohstoffproduktion wegen Einschränkung ihres Absatzgebietes und der Verminderung der Preiskonjunkturen gehindert werde. Es erscheine nicht gerechtfertigt, ein einheimisches Erzeugniß, dessen Verbrauch im Inlande keiner Abgabe unterliege, deshalb zu besteuern, weil es im Auslande verbraucht werden soll, möge diese Besteuerung den Zweck haben, den Staatskassen Einnahmen zu gewähren, oder den inländischen Verbrauchern auf Kosten der inländischen Produzenten billige Preise zu verschaffen. Auch diejenigen, welche unter Berücksichtigung dieser Gesichtspunkte die Freiheit von Ausfuhrzöllen als Regel anerkennen wollen, können das Zugeständniß machen, daß in einzelnen konkreten Fällen Ausgangszölle für kurze oder längere Dauer finanziell oder volkswirthschaftlich gerechtfertigt sein können.

In den Handelsverträgen wird die Meistbegünstigungsklausel fast durchweg auch für die Ausfuhrzölle vereinbart. Desgleichen finden sich in manchen Handelsverträgen spezielle Tarifvereinbarungen bezüglich dieser Zölle. Im Uebrigen wird bei Vertragsverhandlungen denjenigen Staaten, welche aus finanziellen Gründen einen

Ausgangszoll auf einen Gegenstand haben, bezüglich des letzteren eine Ermäßigung der eigenen Eingangszölle zumeist insolange versagt, als der Ausgangszoll festgehalten wird.

In Deutschland bestehen zur Zeit keine Ausfuhrzölle.

Verwickelter als die Frage der Ausfuhrzölle ist diejenige der Durchfuhrzölle, insbesondere für Länder mit centraler Lage. Aus der Durchfuhrfreiheit kann dem Handel eines Landes eine erhebliche Konkurrenz Seitens eines anderen Landes auf einem dritten Markte entstehen. Die Belastung der Durchfuhr mit Durchgangsabgaben verfolgt den Zweck, diese Konkurrenz eines anderen Landes auf einem dritten Markte dadurch zu erschweren, daß sie sich eines mit höheren Transportkosten verbundenen Umweges bedienen muß, sofern sie nicht den Durchgangszoll auf sich nehmen will.

Eine systematische Anlegung von Durchgangszöllen erfordert entsprechende Einrichtungen. Es kann z. B. eine Waare, welche von Oesterreich durch Bayern nach Tirol oder der Schweiz geht, nicht mit dem gleichen Durchgangszoll belegt werden, wie eine von Oesterreich durch das deutsche Zollgebiet nach Hamburg transitirende Waare, da sonst in dem ersteren Falle die Waarensendung den Weg über Bayern nicht nehmen würde. In denjenigen Fällen, in welchen die Gefahr naheliegt, daß die Waaren ohne besondere Schwierigkeiten einen anderen Weg außerhalb des Landes nehmen können, wird die Aufstellung von Ausnahmsätzen für den Durchfuhrzoll nöthig sein, welche je nach dem geringeren Grade der Gefahr sich staffelmäßig dem allgemeinen Durchfuhrzollsatz nähern müssen.

In einigen Handelsverträgen findet sich die Bestimmung, daß die aus einem der beiden Gebiete eingehenden oder nach demselben ausgehenden Waaren aller Art gegenseitig in dem anderen Gebiete von jeder Durchgangsabgabe befreit sein sollen, und daß sich die vertragschließenden Theile in Beziehung auf die Durchfuhr in jeder Hinsicht wie die meistbegünstigte Nation behandeln werden. Zur Erläuterung ist manchmal noch beigefügt, daß sich die Freiheit von Durchgangszöllen sowohl auf die nach erfolgter Umladung oder

Lagerung, als auf die unmittelbar durchgeführten Waaren beziehe, oder daß es bezüglich der Zollfreiheit keinen Unterschied mache, ob die Waaren direkt transitiren, oder während der Durchfuhr abgeladen, eingelagert und wieder aufgeladen werden müssen. In einer Anzahl von Verträgen ist indessen von der ausdrücklichen Vereinbarung der Durchfuhrfreiheit abgesehen und lediglich die gegenseitige Behandlung auf dem Fuße der meistbegünstigten Nation vereinbart. In der That wird auch Seitens derjenigen, welche prinzipiell die Durchfuhrfreiheit befürworten, anerkannt werden müssen, daß es unter Umständen unzweckmäßig und schädlich sein kann, in dieser Frage durch Uebernahme bezüglicher vertragsmäßiger Verpflichtungen die eigene Aktionsfreiheit einzuschränken. Falls sich eine vertragsmäßige Vereinbarung über die Durchfuhrfreiheit als nothwendig herausstellt, wird zumeist darauf gehalten, daß die Verbindlichkeit eine gegenseitige wird.

In Deutschland ist durch § 6 des Vereinszollgesetzes vom 1. Juli 1869 autonom bestimmt, daß von der Durchfuhr Abgaben nicht erhoben werden sollen.

Zwischen Deutschland und Frankreich ist außerdem durch Art. 17 Abs. 2 der Zusatzkonvention vom 11. Dezember 1871 zu dem am 10. Mai 1871 abgeschlossenen Friedensvertrage die Freiheit der gegenseitig ein- und ausgehenden Waaren von Durchgangsabgaben verabredet. Würde von dem bezüglich dieser Vereinbarung zulässigen Kündigungsrechte Seitens Frankreichs Gebrauch gemacht, so würde doch Deutschland auf Grund des in Art. 11 des Friedensvertrages vom 10. Mai 1871 auch hinsichtlich des Durchgangsverkehrs verabredeten Meistbegünstigungsrechtes die Durchfuhrfreiheit in Frankreich beanspruchen können, sofern dieselbe Seitens dieses Landes einem dritten Staate zugestanden ist. Dieses unkündbare Recht auf Grund des bereits oben erwähnten Art. 11 des Friedensvertrages besteht unabhängig von der vorgedachten kündbaren Bestimmung der Zusatzkonvention vom 11. Dezember 1871.

Von Bedeutung ist der Umstand, daß in manchen Handelsverträgen die Freiheit der Durchfuhr für die Sendungen sowohl von als auch nach dem Gebiete des betreffenden Vertragsstaates vereinbart ist. Beispielsweise können die aus Amerika über England nach Deutschland gehenden amerikanischen Produkte in England nicht mit einem Durchgangszolle belastet werden, weil in dem deutsch-englischen

Vertrage vom 30. Mai 1865 für die Waarendurchfuhr nach Deutschland englischerseits die Freiheit von Durchgangsabgaben zugesichert ist. Kontrovers kann die Frage sein, ob Deutschland auf Grund seines Vertragsrechtes gegen einen englischen Durchgangszoll reklamiren könnte, wenn die amerikanischen Waaren nicht direkt über England nach Deutschland, sondern von England erst in den belgischen Eigenhandel und von da nach Deutschland gehen würden.

Nicht selten wird befürwortet, daß die Durchfuhrfreiheit namentlich bei vertragsmäßigen Vereinbarungen in der Regel nur auf den unmittelbaren Durchgang von Waaren ohne Aufenthalt, Zwischenlagern, Umladungserleichterungen u. s. w., d. h. auf die unmittelbare Durchfuhr, bezogen werden soll. Zumeist wird jedoch prinzipiell nur daran festgehalten, daß bei der Durchfuhr eine Vertauschung oder Veränderung der Durchfuhrwaare nicht stattfinden darf.

Eine solche Veränderung würde beispielsweise vorliegen, wenn transitirender Rohzucker bei dem Uebergang von dem Schiff zur Eisenbahn auf der Niederlage gefärbt würde.

Ausnahmsweise werden jedoch Mischungen des Durchgangsgutes mit einheimischen Produkten der gleichen Art auf den Niederlagen sowie bestimmte Bearbeitungen von Rohmaterial zugelassen, wenn schwerwiegende heimische Interessen hierbei in Frage stehen. (Bezüglich der deutschen Verhältnisse vgl. die folgende Anmerkung).

Die äußeren Formen, mittelst welcher die Jdentität der durchgehenden Waaren festgestellt und kontrolirt werden kann, sind verschiedenartig; es kann eine Kontrole stattfinden durch Siegelverschluß, durch amtliche Begleitung, durch allgemeine Aufsicht, oder durch eine entsprechende Buchführung. Erleichterungen können unbeschadet der Festhaltung des Prinzips der Jdentität je nach den Bedürfnissen des betreffenden Verkehrszweiges gewährt werden. Jm Allgemeinen werden jedoch, schon zur Vermeidung einer Schmälerung der Erträgnisse der Eingangszölle, strenge Kontrolmaßregeln am Platze sein, um zu verhindern, daß Durchgangsgut während des Transits mit einheimischer Waare vertauscht wird, beispielsweise bessere, mit höheren Zöllen belastete ausländische Waaren abgegeben, und andere minder werthvolle einheimische Waaren dafür eingetauscht werden. Auch ein vertragsmäßiges Recht auf Durchfuhrfreiheit verleiht keine Berechtigung, gegen die Kontrolmaßregeln, welche das Durchfuhrland im Interesse seiner Zollverwaltung für erforderlich hält, Einsprache zu erheben.

In Deutschland sind in Gemäßheit des § 97 des Vereins=zollgesetzes vom 1. Juli 1869 zur Beförderung des mittelbaren Durchfuhrhandels und des inneren Verkehrs in den wichtigeren Handelsplätzen, sowie bei den Hauptzollämtern an der Grenze, wo ein Bedürfniß dazu sich zeigt, unter amtlicher Aufsicht stehende öffentliche Niederlagen eingerichtet, in welchen Waaren bis zu ihrer weiteren Bestimmung unverzollt gelagert werden können. Die öffentlichen Niederlagen sind entweder: allgemeine Nieder=lagen (Packhöfe, Hallen, Lagerhäuser, Freihäfen) oder beschränkte Niederlagen oder freie Niederlagen, welche in den wichtigeren Seeplätzen als örtlich mit dem Hafen in Verbindung stehende Freiläger errichtet werden.

Außerdem können Waaren, auf denen ein Zollanspruch haftet, auch in Privaträumen unter oder ohne Mitverschluß der Zoll-behörden niedergelegt werden (Privatläger). Wenn die zu lagernden Waaren zugleich oder ausschließlich zum Absatz nach dem Auslande bestimmt sind (Privattransitläger), und sich nicht unter amtlichem Mitverschluß befinden, so haftet der Inhaber eines solchen Privattransitlagers unbedingt für die Entrichtung des Eingangszolles von den zum Privatlager verabfolgten Waaren nach Maßgabe des bei der Verabfolgung festgestellten Gewichtes, insofern er nicht die Entrichtung der Abgaben an anderen Orten, oder die Ausfuhr der Waaren in vorgeschriebener Art nachweist.

Nach § 7 des Zolltarifgesetzes vom 15. Juli 1879 werden für Getreide und andere Erzeugnisse des Landbaues, wenn sie ausschließlich zum Absatze ins Zollausland bestimmt sind, Tran=sitläger ohne amtlichen Mitverschluß, in welchen die Behandlung und Umpackung der gelagerten Waare uneingeschränkt und ohne Anmeldung und die Mischung derselben mit inländischer Waare zulässig ist, mit der Maßgabe bewilligt, daß bei der Ausfuhr dieser gemischten Waare der in der Mischung enthaltene Prozent=satz von ausländischer Waare als die zollfreie Menge der Durch=fuhr anzusehen ist. Für Waaren der bezeichneten Art, welche zum Absatz entweder in das Zollausland oder in das Zollinland bestimmt sind, können solche Transitläger bewilligt werden.

Ebenso werden, beziehungsweise können für Bau= und Nutz=holz Transitläger ohne amtlichen Mitverschluß bewilligt werden.

Dabei kann von der Umschließung der zur Lagerung bestimmten Räume abgesehen werden; auch werden oder können rohe oder blos mit der Axt vorgearbeitete Bau- und Nutzhölzer zeitweise aus dem Lager entnommen und, nachdem sie einer Behandlung unterlegen haben, durch welche sie unter Nr. 13. c. 2 des Zolltarifes fallen, in das Lager zurückgeführt werden.

2. Unterscheidungszölle zu Gunsten der direkten Einfuhr.

Die Handelspolitik muß besonderen Werth darauf legen, daß die Rohprodukte und Materialien, welche aus dem Auslande bezogen werden müssen, auf direktem Wege, sonach ohne die Vermittlung eines dritten Landes zur Einfuhr gelangen, da bei dem indirekten, d. h. den Zwischenhandel eines dritten Landes in Anspruch nehmenden Bezuge der Waaren eine wesentliche Vertheuerung durch unnöthige Transportkosten, Lagerungen, Spesen und Handelsgewinne zu Gunsten des den Zwischenhandel betreibenden Landes entsteht. Der direkte Handel zwischen zwei Ländern wird sich um so leichter entwickeln, je günstiger die natürlichen Vorbedingungen für den direkten Verkehr sind; ein durch natürliche Verhältnisse begünstigter Zwischenhandel, beispielsweise derjenige Englands oder der Niederlande, wird dagegen nur allmählich und nach größeren Anstrengungen der auf den direkten Handel hinarbeitenden Länder in den Hintergrund treten. Im Allgemeinen wird durch die fortschreitende Vervollkommnung der Verkehrsmittel, durch die gesteigerte Ausbildung des internationalen Kredit- und Zahlungswesens die unmittelbare Geschäftsverbindung zwischen dem Produzenten und dem Abnehmer wesentlich erleichtert, und die Thätigkeit des Zwischenhändlers allmählig durch diejenige des Spediteurs verdrängt.

Um die direkte Einfuhr zu heben, sind von einzelnen Staaten die verschiedenartigsten Mittel angewendet worden, welche zumeist gleichzeitig Hand in Hand mit den Bestrebungen gingen, die Einfuhr auf den Schiffen der einheimischen Handelsmarine vor derjenigen auf ausländischen Schiffen zu begünstigen.

In letzterer Beziehung ist das System des Flaggenzolls (Surtaxe de Pavillon) zu erwähnen, welches jedes Schiff fremder

Flagge bei der Ankunft mit einem Tonnengelde belegt, während die Schiffe der nationalen Flagge hiervon befreit sind. Den gleichen Zweck suchte man früher dadurch zu erreichen, daß man die Waaren, die auf einheimischen Schiffen eingeführt wurden, zu geringeren Zöllen eingehen ließ, als die auf fremden Schiffen eingeführten Waaren.

Zur Förderung der direkten Einfuhr ist namentlich der sogenannte Unterscheidungszoll (Surtaxe d'entrepôt) in Anwendung gekommen, d. h. ein Zollzuschlag für alle ausländischen Waaren, die nicht direkt vom Produktionslande über einen inländischen Hafen, sondern auf dem Umwege über ein anderes Land zur Einfuhr kommen. Da es sich hierbei hauptsächlich um überseeische Produkte handelt, so ist bei einem solchen Unterscheidungszoll vorzugsweise eine Begünstigung der inländischen Seehäfen gegenüber den ausländischen Seehäfen ins Auge gefaßt. Dergleichen Zollnachlässe für die direkte Einfuhr oder, was im Wesentlichen das Gleiche ist, Zollzuschläge für die indirekte Einfuhr bestanden früher in vielen Ländern und sind auch zur Zeit noch in manchen Staaten in Geltung. England hatte die indirekte Einfuhr außereuropäischer Produkte bis 1850 nicht nur erschwert, sondern verboten; auch in Frankreich durften früher überseeische Produkte nicht auf dem Landwege eingeführt werden. Die Niederlande gewährten Nachlässe an den Zöllen für die Ausfuhr aus ihren Kolonien, wenn die Sendung direkt nach dem Mutterlande erfolgte, und zwangen die Kolonien durch die Aufrechthaltung niedriger Zölle für Waaren des Mutterlandes und hoher Zölle für Waaren, welche von anderen Ländern dorthin eingeführt wurden, die Waaren des Mutterlandes zu kaufen. Die Vereinigten Staaten von Amerika erheben 10% vom Werthe als Zuschlagszoll von allen Waaren, welche aus einem Lande östlich vom Kap der guten Hoffnung stammen, aber aus einem westlich vom Kap gelegenen Hafen nach Nordamerika gebracht werden.

In Frankreich besteht auch zur Zeit noch die eigentliche Surtaxe d'entrepôt. Außerdem ist daselbst auch der direkt aus den französischen Kolonien und Besitzungen eingeführte Zucker mit einem geringeren Zolle bedacht, als der aus dem Auslande kommende

Zucker, — eine Bestimmung, welche in der Hauptsache die Förderung der französischen Schifffahrt sowie des unmittelbaren Handels Frankreichs mit seinen Kolonien bezweckt.

In dem französisch=niederländischen Handelsvertrage vom 7. Juli 1865 (Art. 18) war für die aus dem deutschen Zoll= verein über die Niederlande unter Beachtung gewisser Formali= täten nach Frankreich eingeführten Waaren deutschen Ursprungs völlige Gleichstellung mit den aus den Niederlanden direkt nach Frankreich eingeführten Waaren niederländischen Ursprungs fest= gesetzt, derart, daß die aus Deutschland über die Niederlande eingeführten Waaren deutschen Ursprungs, welche bei indirekter Einfuhr nach Frankreich einem Zuschlagszolle unterlegen hätten, angesehen wurden, als ob sie direkt aus Deutschland nach Frank= reich eingeführt worden wären.

Was die Frage der Zweckmäßigkeit der Unterscheidungszölle betrifft, so wird Seitens der Gegner darauf hingewiesen, daß die= selben, soweit sie die überseeischen Erzeugnisse betreffen, eine unbillige Bevorzugung der Seestädte seien, in deren Händen, der Natur der Sache nach, sich dieser Handel befinde. Das Inland würde auf diese Weise gezwungen, sich auf den Märkten der einheimischen Seestädte zu versorgen, während die unbedingte Freiheit der Bezugsquellen seinen Interessen am besten entspräche. Seitens der Vertheidiger dieser Zölle wird dagegen auf die großen wirth= schaftlichen und finanziellen Vortheile hingewiesen, welche der direkte Bezug der Waaren namentlich auch in der Richtung bringe, daß die Importeure unabhängig von den Preisspekulationen des ausländischen Zwischenhandels gestellt würden. Ueberwiegend werden als entscheidend für die Frage der Zweckmäßigkeit der Einführung von Unterscheidungszöllen die konkreten Verhältnisse, namentlich die geographischen Bedingungen des betreffenden Landes gehalten. Ein Land, das nur eine kleine Seegrenze hat, dessen industriereichste und konsumfähigste Landestheile den ausländischen Seehäfen sehr erheblich näher als den inländischen Seehäfen liegen, und dessen innere Verkehrswege noch wenig entwickelt sind, wird unter regel= mäßigen Verhältnissen von Unterscheidungszöllen im Allgemeinen Nachtheile befürchten.

Dagegen kann ein geographisch mehr abgerundetes, durch

günstige natürliche Ausgangspunkte zur See und auf dem Lande sowie durch ein ausgebildetes System von Verkehrswegen in seinen Verkehrsverhältnissen unabhängiger gestelltes Land es unter Umständen vortheilhaft finden, für längere oder kürzere Zeit zur Förderung der Verkehrsbeziehungen zwischen den einheimischen Seehäfen und den entfernter liegenden Landestheilen und behufs Begünstigung der direkten Einfuhr mäßige Unterscheidungszölle zu erheben. Im Uebrigen wird ohne Rücksicht auf den prinzipiellen Standpunkt für oder gegen die Unterscheidungszölle davon abzusehen sein, sofern nicht ein besonderer Anlaß vorliegt, in einen Handelsvertrag die Verpflichtung zur Ausschließung von Unterscheidungszöllen aufzunehmen, wie es überhaupt nicht empfehlenswerth erscheint, behufs Förderung prinzipieller handelspolitischer Ansichten in die Verträge Bestimmungen aufzunehmen, welche dem eigenen Lande ohne Noth und Gewinn mehr oder minder große Fesseln auferlegen. Es wird im Wesentlichen nur dann, wenn in einem konkreten Falle ein erhebliches Interesse daran besteht, sich gegen die Erhebung solcher Unterscheidungszölle in dem Gebiete des anderen Theiles vertragsmäßig sicherzustellen, ein gleichartiges Zugeständniß als Aequivalent zu bieten sein.

3. Werthzölle.

Die Zolltarifsätze sollen nach dem Werthe der Waaren, soweit thunlich, unter Festhaltung eines einheitlichen Abgabesatzes derart bemessen sein, daß der Tarif in der Hauptsache nur die spezielle Einschätzung unter den allgemeinen Tarifzollsatz, beziehungsweise die spezielle Werthfeststellung für die einzelnen Gegenstände bildet, wobei allerdings Durchschnittswerthe und die Anordnung größerer Kategorien unvermeidlich sind. Die einzelnen Zollsätze sollen hiernach auf Grund einer allgemeinen Werthzollskala in einem richtig und gleichheitlich abgemessenen Verhältniß zu den betreffenden Waarenwerthen stehen.

Wenn in dem Tarife nur die Werthzollskala enthalten, dagegen der Werth der einzelnen Gegenstände nicht fixirt, vielmehr die

Wertheinschätzung für jeden einzelnen Fall der Zollverwaltung überlassen ist, so liegt das Werthzollsystem im Gegensatz zu dem erstgedachten System der spezifischen Zölle vor, bei welchem die Werthe für die einzelnen Waarenkategorien mit bestimmten Sätzen in dem Tarif festgestellt sind, während die Zollerhebung nach äußeren Merkmalen, wie Gewicht, Stückzahl u. s. w., stattfindet. Bei der Werthabschätzung des einzelnen Gegenstandes durch die Zollverwaltung, d. h. bei den Werthzöllen, kann der jeweilige, zur Zeit der Einfuhr bestehende Werth der Waare unter Berücksichtigung der Preisschwankungen ermittelt werden, während die festen Zollsätze eines spezifischen Zolltarifes, deren Werthgrundlage nach den Preisverhältnissen eines bestimmten Zeitpunktes bemessen ist, je nach den demnächst eintretenden Preis- und Werthschwankungen verschiedenartig wirken. Die Erhebung von Werthzöllen hat hiernach den prinzipiellen Vortheil, daß sie den durch Handelskonjunkturen u. s. w. hervorgerufenen Preisschwankungen Rechnung trägt. In Folge dessen kann bei einem Handelsvertragsverhältniß, in welchem der eine Theil Werthzölle, der andere Gewichtszölle erhebt, das Interesse des letzteren insofern beeinträchtigt sein, als mit jeder inneren Wertherhöhung der fremden Waare der Gewichtszoll derselbe bleibt, während jede Wertherhöhung des eigenen Exportes bei den Werthzöllen durch eine höhere Verzollung ihren Ausdruck findet.

Auf der anderen Seite erfordert jedoch die Anwendung von Werthzöllen ein quantitativ und qualitativ hochstehendes Beamtenpersonal, in Folge dessen einen größeren Aufwand an Erhebungskosten, und auch bei noch so zweckmäßiger Einrichtung und Kontrole der Verwaltung liegt die Gefahr nahe, daß die Einzelwerthabschätzung zu Chikanen und verschiedenen anderen Mißbräuchen Anlaß gibt.

Im Allgemeinen wird die Frage der Zweckmäßigkeit von Werthzöllen weniger als eine wirthschaftliche, sondern in erster Reihe als eine finanzielle und zolltechnische behandelt. Für die meisten Artikel wird den Gewichtszöllen allgemein der Vorzug gegeben; für einige Artikel aber erscheinen wenigstens nach der Theorie Werthzölle nicht ohne gewisse Berechtigung; es werden z. B. manche Gründe dagegen angeführt, solche Kunstgegenstände, deren Werthe innerhalb der Kategorie beträchlich auseinandergehen, statt nach dem Einzelwerthe des betreffenden Gegenstandes, nach einem durch den Zolltarif ein für allemal festgestellten Durchschnittswerthe verzollen zu lassen. Inwieweit im Einzelfalle den zu Gunsten einer Werthzollerhebung sprechenden Erwägungen Folge gegeben werden kann, ist in der Hauptsache nach praktischen Gesichtspunkten zu beurtheilen; die Einfachheit und Sicherheit spricht für Gewichtszölle.

Im deutschen Zolltarif vom 15. Juli 1879 besteht nur bezüglich der Eisenbahnfahrzeuge ein Werthzoll.

Die Anwendung von Werthzöllen führt selbstverständlich bezüglich der Werthermittlung im Einzelfalle vielfach zu einem Widerstreit der Interessen des Importeurs und der Zollverwaltung und erfordert daher eine nicht unerhebliche Anzahl allgemeiner Vorschriften und Kontrolen. Bei Handelsverträgen mit Staaten, welche Werthzölle erheben, empfiehlt es sich, die betreffenden Grundsätze vertragsmäßig festzustellen.

Nach dem Handelsvertrage zwischen dem deutschen Reich und Serbien vom 6. Jan. 1883 hat der Importeur bei der Einfuhr von Waaren, deren Verzollung in Serbien nach dem Werthe erfolgt, eine Deklaration über den Werth und die handelsübliche Benennung des einzuführenden Gegenstandes zu übergeben. Als Werth, welcher der Verzollung zu Grunde zu legen ist, hat der wirkliche Verkaufspreis des eingeführten Gegenstandes am Erzeugungs- oder Absendungsorte mit Hinzufügung jener Transport-, eventuell auch Versicherungs- und Kommissionsspesen zu gelten, welche für die Einfuhr nach Serbien bis zum Eintrittsorte an der Grenze thatsächlich erwachsen sind. Wenn das Zollamt den deklarirten Werth für ungenügend befindet, so hat es das Recht, zu erklären, daß es die Waare gegen Auszahlung des deklarirten Werthes nebst einem Zuschlage von 10% zurückbehalte. Ein Zoll wird in diesem Falle selbstverständlich nicht erhoben. Der Importeur, dem gegenüber das Zollamt das Vorkaufsrecht ausüben will, kann die Schätzung der Waare durch Sachverständige verlangen. Wenn die Expertise ergibt, daß der Werth der Waare den vom Importeur deklarirten Werth nicht um mehr als 5% übersteigt, so wird der Zoll dem Betrage der Deklaration gemäß erhoben. Uebersteigt der von der Expertise ermittelte Werth den in der Deklaration angegebenen um mehr als 5%, so ist der Zoll in Gemäßheit des von den Sachverständigen festgesetzten Werthes zu erheben.

Dieser Zoll wird um 50% als Strafzahlung erhöht, wenn die Schätzung der Sachverständigen den deklarirten Werth um 10% übersteigt.

Die Expertise erfolgt durch Schiedsrichter.

Trotz genauer Ordnung des Verfahrens sind Schwierigkeiten und auch Benachtheiligungen in einzelnen Fällen schwer zu vermeiden; namentlich ist das Konfiskationsrecht der Zollkasse manchmal nur ein unzulängliches Mittel, da dieselbe nicht immer Gelegenheit zu einer befriedigenden Verwerthung größerer Waarenbestände hat und sich öfters mit den bei Auktionen platzgreifenden Schleuderpreisen begnügen muß.

Die Versuchung, geringere Werthe zu deklariren, ist für die Importeure natürlich um so verlockender, je mangelhafter die betreffende Verwaltung ist. Auch läßt sich die Gefahr, daß die Zollverwaltung die Waare zu dem deklarirten Werthe nebst einem Zuschlag selbst ankauft, Seitens der Interessenten in der Weise mindern, daß auf eine Faktura beträchtliche Mengen eingeführt werden, bezüglich welcher den Zollbeamten das Risiko des Ankaufs zu groß erscheint. Andererseits sehen sich auch manche Importeure durch die Befürchtung, daß ihre Waaren konfiszirt und ihnen hierdurch die Erfüllung ihrer vertragsmäßigen Verpflichtung erschwert oder unmöglich gemacht werden könnte, zur Deklarirung eines höheren Werthes veranlaßt.

Eine besondere Schwierigkeit erwächst bei dem Werthzollsystem für den Handel dadurch, daß das betreffende Land an seiner Grenze nur eine geringe Anzahl von Eingangsstraßen öffnet mit dem Hinweise darauf, daß die Werthzölle nur an den wenigen, mit einem entsprechenden Beamtenpersonal ausgestatteten höheren Zollstätten festgestellt werden könnten.

Bei dem Abschlusse von Handelsverträgen wird auf Erleichterungen in dieser Beziehung hinzuwirken und außerdem in Bezug auf die Zollbehandlung der einem Werthzolle unterliegenden Waaren speziell zu vereinbaren sein, daß die Importeure und Erzeugnisse des vertragschließenden Theiles in allen Beziehungen wie die Importeure und Erzeugnisse des meistbegünstigten Landes behandelt werden sollen. Bei Verhandlungen mit einem Lande, welches bisher

Werthzölle hatte und nunmehr zu Gewichtszöllen übergehen will, wird überdies besonders darauf zu achten sein, daß die schwierige Umrechnung von Werthzöllen in Gewichtszöllen nicht zu einer mittelbaren Erhöhung der betreffenden Tarifsätze benutzt wird.

Ein Mittelsystem zwischen den Werthzöllen und den spezifischen Zöllen besteht in Aegypten, woselbst die Werthzölle mit 8% nach Maßgabe der jeweiligen Marktpreise erhoben, die letzteren aber nicht im Einzelfalle durch die Zollbehörden, sondern in gewissen Zeiträumen durch Kommissionen, zu welchen auch die fremden Kaufleute herangezogen werden, allgemein festgesetzt und veröffentlicht werden.

VI.
Die inneren Steuern in den Handelsverträgen.

In Bezug auf das innere Besteuerungsrecht des Staates kommen in der internationalen Handelspolitik namentlich zwei Fragen in Betracht, nämlich: einestheils die Frage der Rückerstattung der von inländischen Erzeugnissen erhobenen inneren Steuer bei der Ausfuhr der Erzeugnisse in das Ausland, im Zusammenhang mit derjenigen der Rückvergütung der Eingangszölle für das ausländische Material, aus welchem das zur Ausfuhr gelangende Fabrikat im Inlande hergestellt worden ist, und anderentheils die Frage der Heranziehung der ausländischen Produkte zu den inneren Steuern.

1. **Ausfuhrvergütungen. — Ausfuhrprämien. — Titres d'acquits-à-caution.**

Das Wesen der Ausfuhrvergütungen besteht darin, daß die Ausfuhr von solchen Fabrikaten, deren Material entweder durch eine innere Steuer oder durch einen Zoll belastet ist, durch Rückvergütung dieser Abgaben unabhängig von der Wirkung der letzteren gestellt und erleichtert wird.

Eine innere Steuer soll nur die im Inlande zum Verbrauch kommenden Mengen, dagegen nicht die Ausfuhr in das Ausland treffen. Würde auch von den zur Ausfuhr kommenden Quantitäten ein der inneren Verbrauchssteuer gleichstehender Steuerbetrag erhoben, so käme dies einem Ausfuhrzolle gleich; die Rentabilität und

Möglichkeit der Ausfuhr würden hierdurch stark beeinträchtigt. Es werden daher in den meisten Staaten aus wirthschaftlichen Erwägungen die inneren Steuern, welche z. B. auf Branntwein, Bier, Zucker während des Herstellungsprozesses erhoben werden, für die zur Ausfuhr gelangenden Mengen zurückvergütet, d. h. es wird die Ausfuhr von der Besteuerung thatsächlich entlastet.

Desgleichen kommt die Rückvergütung von Zöllen für die in den Fabrikaten steckenden, von auswärts bezogenen und verzollten Roh- und Halbprodukte der Wiedererstattung einer auf dem betreffenden Fabrikationszweige lastenden Abgabe im Prinzip gleich. Die heimische Exportindustrie soll durch die Zollrestitution konkurrenzfähiger auf dem Weltmarkte gemacht werden. Die prinzipiellen Gegner der Eingangszölle erblicken in diesen Zollrückvergütungen ein indirektes Zugeständniß, daß der heimische Fabrikant für die aus dem Auslande bezogenen zollpflichtigen Materialien den Zoll selbst trage; nach ihrer Ansicht hat das System den nicht zu billigenden Zweck, die Industrie in den Stand zu setzen, für das Ausland zu geringeren Preisen liefern zu können, als für das Inland, wodurch letzteres zu Gunsten des ersteren benachtheiligt werde. Von der anderen Seite wird die Richtigkeit dieser Argumentation namentlich unter dem Hinweise darauf bestritten, daß bei der außerordentlichen Vielgestaltigkeit der die Preisverhältnisse beeinflussenden Faktoren den Zöllen eine entscheidende Wirkung auf die Preise der auf dem heimischen Markte zum Absatz kommenden Fabrikate überhaupt nicht zuzuschreiben sei.

Im Allgemeinen werden jedoch Zollrückvergütungen, auch des durch dieselben entstehenden finanziellen Ausfalls wegen, zumeist auf besondere Fälle beschränkt, in welchen wichtige Exportinteressen in Frage stehen.

Von Bedeutung ist für das System der Ausfuhrvergütungen die Frage, inwieweit die Identität des Gegenstandes festzuhalten sein wird, für welchen die innere Steuer oder der Zoll entrichtet ist, deren Rückerstattung bei der Ausfuhr erfolgen soll. Wird die Identität festgehalten, so bedarf es genauer Bestimmungen darüber, bis zu welchem Prozentsatze der Steuer, beziehungsweise des Zolls, eine Rückvergütung stattfinden soll, in welcher Weise der Nachweis der Identität zu erbringen ist, und innerhalb welcher Frist die Ausfuhr des Gegenstandes erfolgen muß, um auf die Rückvergütung Anspruch erheben zu können. Die Festhaltung der Identität begegnet namentlich bei der Rückvergütung innerer Steuern zumeist größeren Schwierigkeiten.

Es erfolgt beispielsweise die innere Besteuerung des Zuckers auf Grundlage der in die Fabrik gebrachten Rübenmenge, während die Rückvergütung der Steuer für den aus dieser Rübenmenge hergestellten Zucker gewährt wird. Da es auf große Schwierigkeiten stoßen würde, in jedem einzelnen Falle zu kontroliren, wie viel und welche Zuckerquantität aus einer bestimmten Rübenmenge effektiv gewonnen worden ist, so erscheint es nothwendig, für längere Zeit allgemein das Verhältniß festzustellen, in welchem das Fabrikat zu dem in Gebrauch genommenen, mit der inneren Steuer belegten Material steht.

Es muß also mit Bezug auf die Ausfuhrvergütungen für Zucker im Allgemeinen festgestellt werden, wie viel Gewicht Zucker aus einer Rübenmenge von einem bestimmten Gewichte gewonnen werden kann. Wird von einem Fabrikanten, sei es wegen besonderer Vorzüge seines technischen Betriebes, sei es wegen des ausnahmsweise hohen Zuckergehaltes einer speziellen Rübenernte, im Ganzen mehr Zucker aus einer solchen Rübenmenge gewonnen, als das für die Berechnung der Ausfuhrvergütungen aufgestellte allgemeine Verhältniß annimmt, so erhält der Fabrikant bei dem Export seines Fabrikates eine Ausfuhrprämie, d. h. er erhält thatsächlich mehr zurückvergütet, als er an innerer Steuer gezahlt hat.

Dergleichen Ausfuhrprämien, d. h. bei der Ausfuhr von Erzeugnissen gewährte Vergütungen, welche die auf der Erzeugung ruhenden inneren Steuern oder die bei der Einfuhr des Materiales vom Auslande bezahlten Abgaben übersteigen, sind selbstverständlich dem Export förderlich, können aber auf der anderen Seite unter Umständen die finanziellen Interessen schädigen, welche die Steuer- und Zollpolitik mit der betreffenden Steuer, beziehungsweise dem Zolle, verfolgt. Exportprämien von großem Umfange und längerer

Dauer werden unter Umständen auch als wirthschaftlich nachtheilig betrachtet; denn ebenso wie durch die Gewährung einer großen Exportprämie für längere Zeit die betreffende Industrie möglicherweise zu einer Ueberanspannung ihres Betriebes angeregt wird, auf welche demnächst ein nicht erwünschter Rückschlag folgen kann, wird die Gewährung einer Ausfuhrprämie bei den Zollrückvergütungen den wirthschaftlichen Effekt haben können, daß zum Nachtheil der heimischen Erzeugung von Rohprodukten und Halbfabrikaten der Bezug dieser Artikel aus dem Auslande sich erheblich steigert.

Nicht minder kann die dauernde Beibehaltung übermäßiger Exportprämien in denjenigen fremden Staaten, welche der auf diese Weise begünstigten Konkurrenz hauptsächlich ausgesetzt sind, Opposition und Bestrebungen auf Erhöhung der Eingangszölle als Gegengewicht gegen die Exportprämien wachrufen.

Das Gegentheil einer Exportprämie liegt dann vor, wenn das der Berechnung der Ausfuhrvergütungen zu Grunde liegende allgemeine Verhältniß derart zu Ungunsten der Fabrikation gestellt ist, daß dieselbe bei der Ausfuhr den eingezahlten und gesetzlich zur Rückerstattung bestimmten Betrag der inneren Steuer thatsächlich nicht zurückvergütet erhält. In diesem Falle wird sich alsbald eine starke Beeinträchtigung der Exportinteressen herausstellen, zu deren Beseitigung eine neue Festsetzung des gesetzlichen Verhältnisses nothwendig ist.

Im Allgemeinen wird Angesichts der Schwankungen der Ernten und technischen Betriebseinrichtungen einerseits, und der Interessen andererseits, welche bei einer von den thatsächlichen Verhältnissen abweichenden Bemessung der Ausfuhrvergütungen auf dem Spiele stehen, bei der Feststellung der Ausbeuteverhältnisse mit Vorsicht vorzugehen und weniger auf einzelne vorübergehend günstiger oder ungünstiger wirkende Erscheinungen als auf die Durchschnittslage Rücksicht zu nehmen sein, wobei die Fernhaltung einer Schädigung ebenso der Exportinteressen wie der Staatsfinanzen im Auge zu behalten ist. Namentlich erscheint es bei dem engen Zusammenhange, in welchem die Entwickelung der betheiligten Industriezweige mit dem geltenden Systeme der Zoll- und Steuerrückvergütungen steht, geboten, an bestehenden Verhältnissen systematische Aenderungen nur allmählig, mit Behutsamkeit und nach gründlicher Ermittlung der verschiedenen in Betracht kommenden Punkte vorzunehmen. Was die Zollrückvergütungen betrifft, so ist in Deutschland durch das Reichsgesetz vom 23. Juni 1882 den Inhabern von Mühlen für die Ausfuhr der von ihnen hergestellten Mühlenfabrikate eine Erleichterung dahin gewährt, daß ihnen der Eingangszoll für eine der Ausfuhr entsprechende Menge des zur Mühle gebrachten ausländischen Getreides nachgelassen wird. Ueber das hierbei in Rechnung zu stellende Ausbeuteverhältniß trifft der Bundesrath Bestimmung. Es ist hiernach in diesem Falle der Identitätsnachweis nur für die Person und die Fabrikationsstelle aufrechterhalten. Um im Interesse des Zollauffommens und des inländischen Getreidebaues einen außerhalb des Rahmens der Vergünstigung stehenden Handel mit dem zur Mühle zollfrei abgelassenen ausländischen Getreide zu verhüten, ist die weitere Bestimmung getroffen, daß das zur Mühle zollamtlich abgefertigte ausländische, sowie auch sonstiges Getreide, welches in die der Steuerbehörde zur Lagerung des erstbezeichneten Getreides angemeldeten Räume eingebracht ist, in unverarbeitetem Zustande nur mit Genehmigung der Steuerbehörde veräußert werden darf, und daß Zuwiderhandlungen hiegegen mit einer Geldstrafe bis zu eintausend Mark geahndet werden.

Eine besondere Begünstigung ist in Frankreich der Eisenindustrie durch die Handhabung der Rückvergütung des Einfuhrzollbetrages mittelst der titres d'acquits-à-caution gewährt. Bei dem System dieser titres ist das Zugeständniß der zollfreien Einfuhr nicht an die Bedingung geknüpft, daß dieselben Gegenstände wieder ausgeführt werden, welche zur Bearbeitung eingeführt waren, daß also die Identität festgehalten wird; es ist vielmehr an Stelle des Prinzips der Identität der Waare thatsächlich dasjenige des Aequivalents getreten. Derjenige Industrielle, welcher Fabrikate aus Roheisen oder Stahl in das Ausland ausführt, erhält nämlich, gleichviel ob er diese Gegenstände aus inländischem oder ausländischem Material anfertigt, von der Verwaltung einen Schein, der ihn ermächtigt, eine der ausgeführten Gewichtsmenge

entsprechende Menge Roheisen rc. zollfrei aus dem Auslande ein=
zuführen. Diese Ermächtigungsscheine können an andere Gewerbe=
treibende, welche die betreffenden Eisensorten vom Auslande beziehen
wollen, verkauft werden. Ein Fabrikant, welcher zur Herstellung
seiner zum Export bestimmten Erzeugnisse nur einheimisches Eisen
verwendet, erhält also mittelst Veräußerung der ihm ertheilten
acquits-à-caution Ersatz für einen Eingangszoll, welchen er nicht
entrichtet hat, und kann somit den Preis für eine Lieferung nach
dem Auslande um so viel niedriger stellen, als der von ihm be=
zogene Preis des acquit beträgt.

Die Wirkungen eines solchen Systems können zum Theil da=
durch abgeschwächt werden, daß für die Abwickelung des Geschäftes
eine Maximalfrist (etwa von 6 Monaten) vorgeschrieben wird, und
daß, wenn auch nicht die Identität des individuellen Stoffes d. h.
des eingeführten Stückes Eisen mit dem Stoffe der hergestellten und
ausgeführten Eisenbahnschiene, doch wenigstens eine generelle Iden=
tität der Gattung oder der Art festgehalten wird.

Der Grundsatz, daß Ausfuhrprämien nicht gewährt werden
dürfen, hat in den Handelsverträgen mehrfach Aufnahme gefunden.
Derselbe liegt insofern im Interesse des allgemeineren Verkehrs,
als durch Ausfuhrprämien die Konkurrenzverhältnisse der als Mit=
bewerber auf dem fremden Markte auftretenden Industrien verschoben
werden können. Die bezüglichen Bestimmungen der Handelsverträge
enthalten zumeist die Vereinbarung, daß die bei der Ausfuhr ge=
wisser Erzeugnisse bewilligten Ausfuhrvergütungen nur die Zölle
oder inneren Steuern ersetzen sollen, welche von den gedachten Er=
zeugnissen, oder von den Stoffen, aus denen sie gefertigt werden,
erhoben sind, daß sie eine darüber hinausgehende Ausfuhrprämie
nicht enthalten sollen, und daß über Aenderungen des Betrages
dieser Vergütungen oder des Verhältnisses derselben zu dem Zolle
oder zu den inneren Steuern gegenseitige Mittheilung erfolgen soll.
Vereinzelt findet sich auch die Bestimmung, daß die vertragschließen=
den Theile dafür Sorge tragen werden, die innere Gesetzgebung der
technischen Entwickelung der einer inneren Abgabe unterliegenden

Industrie derart anzupassen, daß die Steuerrückvergütung die thatsächlich entrichtete Steuer nicht übersteigt.

Ausfuhrprämien wirken selbstverständlich auf die anderen Staaten um so schwerer, je geringer die Eingangszölle sind, welche von denselben auf die Einfuhr der betreffenden Gegenstände erhoben werden. Es kann auch unter Umständen veranlaßt sein, zur Abwehr der durch ausländische Ausfuhrprämien für die heimische Industrie entstehenden Benachtheiligung mittelst Erhöhung der bezüglichen Zollsätze Ausgleichungsabgaben für die betreffenden Gegenstände zu erheben, welche in der Regel dem Betrage der Ausfuhrprämien gleichkommen werden.

2. Heranziehung ausländischer Gegenstände zu den inneren Abgaben.

In den Handelsverträgen ist bezüglich der Heranziehung der ausländischen Gegenstände zu den inneren Abgaben zumeist der Grundsatz aufgestellt, daß innere Abgaben, welche in dem Gebiete des einen der vertragschließenden Theile, sei es für Rechnung des Staates, oder für Rechnung von Kommunen und Korporationen auf der Hervorbringung, der Zubereitung oder dem Verbrauch eines Erzeugnisses gegenwärtig ruhen oder künftig ruhen werden, Erzeugnisse des anderen Theiles unter keinem Vorwande höher oder in lästigerer Weise treffen dürfen, als die gleichnamigen Erzeugnisse des eigenen Landes. Außerdem wird in der Regel in Bezug auf die zur Hebung gelangenden inneren Verbrauchsabgaben und Accisegebühren jeder Art gegenseitig die Behandlung auf dem Fuße der meistbegünstigten Nation verabredet.

Abgesehen von der Regelung dieser beiden Punkte, der Uebernahme der Verpflichtung der Gleichbehandlung der ausländischen und inländischen Produkte und der Zusicherung der Meistbegünstigung bei der inneren Besteuerung, wird es in der Regel nicht für zweckmäßig gehalten, die Bemessung von Verbrauchssteuern und inneren Abgaben noch weiter zum Gegenstand handelspolitischer

Transaktionen zu machen. Die Abhängigkeit des inneren Besteuerungsrechtes von internationalen Verträgen ist mit den finanziellen Interessen und Aufgaben größerer Staaten schwer vereinbar, und nur unter besonderen Verhältnissen greift eine weitere Beschränkung der autonomen Bewegungsfreiheit auf diesem Gebiete Platz.

Im deutschen Zollgebiet darf nach Art. 5 des Zollvereinsvertrages vom 8. Juli 1867 von allen bei der Einfuhr mit mehr als 15 Gr. (1,50 Mark) vom Zentner belegten Erzeugnissen, welche als ausländisches Ein= und Durchgangsgut der zollamtlichen Behandlung unterliegen, keine weitere Abgabe irgend einer Art, sei es für Rechnung des Staates oder für Rechnung von Kommunen und Korporationen, erhoben werden, jedoch was das Eingangsgut betrifft, mit Vorbehalt derjenigen inneren Steuern, welche in einem Vereinsstaate auf die weitere Verarbeitung oder auf anderweite Bereitungen aus solchen Erzeugnissen, ohne Unterschied des ausländischen, inländischen oder vereinsländischen Ursprungs, allgemein gelegt sind. Unter diesen Steuern sind die Steuern von der Fabrikation des Branntweins, Biers und Essigs, ingleichen die Mahl= und Schlachtsteuer zu verstehen, welchen daher das ausländische Getreide, Malz und Vieh im gleichen Maße, wie das inländische, unterliegt. (Vgl. die weiteren Bestimmungen daselbst).

Ueber den obengedachten Grundsatz hinaus war das autonome Bestimmungsrecht auf diesem Gebiete durch Art. 8 des Handelsvertrages zwischen dem deutschen Zollverein und Frankreich vom 2. August 1862 eingeschränkt, wonach französische Weine, Branntweine und Fette, welche der Eingangsverzollung unterlegen haben, auch in Zukunft von jeder weiteren, für Rechnung des Zollvereins, einzelner Vereinsstaaten oder einer Kommune oder Korporation erhobenen Steuer frei bleiben sollten.

In den gegenwärtig bestehenden Verträgen beschränkt sich die Uebernahme von Verpflichtungen in der Regel auf die beiden obengedachten Punkte.

Eine Ausnahme von der Verpflichtung der Gleichbehandlung der ausländischen und inländischen Waaren hinsichtlich der Verbrauchsabgaben findet sich in Art. 9 des Handelsvertrages zwischen Deutschland und der Schweiz vom 23. Mai 1881, wonach dieser Grundsatz keine Anwendung auf die in einzelnen Kantonen der

Schweiz von Getränken erhobenen (inneren) Verbrauchssteuern finden soll.

Indessen hat sich die Schweiz dahin verpflichtet, daß derartige Abgaben für deutsche Getränke weder neu eingeführt, noch bestehende über ihren dermaligen Ansatz erhöht werden sollen, und daß, falls der eine oder andere Kanton die bezüglichen Steuern für schweizerische Getränke herabsetzen würde, diese Ermäßigung in gleichem Verhältnisse auch auf die deutschen Getränke angewendet werden soll.

Für deutsche Weine, welche in Fässern nach der Schweiz eingehen, soll, welches auch der Preis oder die Qualität derselben sei, die Steuer jedenfalls den geringsten Betrag derjenigen Ansätze nicht übersteigen, welche für ausländische, in einfachen Fässern eingeführte Weine in den betreffenden Kantonen gegenwärtig erhoben werden.

Die Frage der inneren Besteuerung ist für die internationale Handelspolitik von Bedeutung. Es kann der Eingangszoll eines Landes für einen Gegenstand niedrig und dennoch der Import des letzteren schwierig sein, weil die innere Steuer hoch gehalten wird und daher auf den Konsum drückt. Allerdings ist hierbei, die vertragsmäßige Vereinbarung der Gleichbehandlung ausländischer und inländischer Produkte vorausgesetzt, der inländische Produzent nicht günstiger, als der ausländische gestellt; bei den sehr komplizirten und vielgestaltigen Einrichtungen der Erhebung der Verbrauchssteuern ist es indessen oft mit Schwierigkeiten verbunden, zu kontroliren und festzustellen, ob in der That eine Gleichbehandlung geübt, oder ob nicht vielmehr dem inländischen Produzenten thatsächlich eine mehr oder weniger erhebliche Begünstigung zugewendet wird. Jedenfalls ist das Ausland dann mehr belastet, wenn die innere Steuer von Gegenständen erhoben wird, die im Inlande nur in geringem Umfange produzirt oder fabrizirt werden.

Dies wäre beispielsweise für die südlichen Länder der Fall, wenn in Ländern, in welchen nur wenig Südfrüchte gewonnen werden, eine innere Verbrauchsabgabe auf diese Gegenstände gelegt würde.

Im Allgemeinen wird als Grundsatz angenommen, daß, sofern nicht vertragsmäßig bestimmte Gegenstände von der Heranziehung zur inneren Besteuerung ausgeschlossen sind, alle Gegenstände nach dem autonomen Belieben des betreffenden Staates mit einer inneren Steuer belegt und in diesem Falle auch die bezüglichen ausländischen Gegenstände außer den Eingangszöllen der inneren Abgabe unterworfen werden können. Vertragsmäßige Bestimmungen über den Ausschluß bestimmter Gegenstände von der inneren Besteuerung kommen nicht häufig vor.

In dem Handelsvertrage zwischen Deutschland und Rumänien vom 14. November 1877 ist vereinbart, daß die Waareneinfuhr bei dem Uebertritt in das Gebiet des anderen Theils keiner wie immer benannten Accise oder Verbrauchsabgabe unterliegen darf, wenn gleichartige Waaren in dem letzteren Lande weder produzirt noch fabrizirt werden. Ausnahmen von dieser Regel sind zugelassen für Getränke und Flüssigkeiten, Eßwaaren, Feuerungsmaterial, Futterstoffe und Baumaterial, welche beim Eintritt in die Gemeinden mit Oktroi- und Accisegebühren belegt werden dürfen, selbst dann, wenn gleichartige Artikel in dem betreffenden Lande nicht erzeugt werden.

Die im Inlande bestehenden Verbrauchsabgaben können für die ausländischen Produkte entweder in die Eingangszölle eingerechnet werden, so daß die letzteren den Zollbetrag und den Betrag der inneren Steuer als ein Ganzes darstellen, oder sie werden getrennt und selbständig neben den Eingangszöllen berechnet und erhoben. Eine Erhöhung des Eingangszolls um den Betrag der inneren Steuer kann nicht stattfinden, wenn die Höhe des Eingangszolles vertragsmäßig gebunden ist, oder wenn ausdrücklich vereinbart ist, daß bei der Einfuhr der Gegenstände außer den Eingangszöllen weitere Abgaben und Verbrauchssteuern nicht erhoben werden sollen. In beiden Fällen verbleibt aber selbstverständlich die Befugniß, unabhängig und ohne Verbindung mit den Eingangszöllen die innere Steuer auch von den ausländischen Produkten zu erheben, sofern diese Befugniß im Vertrage nicht ausdrücklich ausgeschlossen sein sollte.

Wenn die Erhebung einer inneren Steuer für das ausländische Produkt vertragsmäßig ausgeschlossen, der bezügliche Zollsatz aber nicht gebunden ist, so kann zwar eine innere Steuer von dem ausländischen Produkt nicht erhoben, der Eingangszoll aber um den entsprechenden Betrag erhöht werden. Andererseits ist, wenn der Eingangszoll lediglich das Aequivalent einer Verbrauchsabgabe ist, welche mit dem gleichen Betrage auch von dem betreffenden einheimischen Erzeugnisse erhoben wird, durch eine Herabsetzung des Eingangszolls zumeist auch eine gleiche Ermäßigung der Abgabe von dem einheimischen Produkte bedingt.

VII.
Erleichterungen im Verkehr zwischen Nachbarstaaten.

Nachbarstaaten können ein Interesse daran haben, behufs Ordnung und Erleichterung des nachbarlichen Verkehrs für gewisse Einrichtungen und Wechselbeziehungen vertragsmäßige Vereinbarungen selbst dann zu treffen, wenn ein eigentliches Handelsvertragsverhältniß zwischen ihnen nicht besteht.

Bei den Handelsverträgen kommen in dieser Richtung hauptsächlich in Betracht: der Veredelungsverkehr, der Grenzverkehr und das Zollkartell, wobei jedoch im Voraus zu bemerken ist, daß der Veredelungsverkehr zwar hauptsächlich für Nachbarländer von Bedeutung erscheint, indessen auch zwischen Ländern, welche nicht aneinander grenzen, vereinbart werden kann.

1. Der Veredelungsverkehr.

Die Mehrzahl der Staaten hat in der Zollgesetzgebung Bestimmungen, welche es zulassen, einestheils daß Waaren, die aus dem Auslande zur Vervollkommnung, Veredelung oder Reparatur ins Inland eingehen, um nachher in das Ausland zurückzukehren, zollfrei unter den nöthigen Kontrolen eingeführt werden, anderentheils, daß Waaren aus dem Inlande zu gleichem Zwecke in das Ausland gesendet und nach erfolgter Veredelung im Auslande zollfrei zurückgeführt werden. Diese autonomen Bestimmungen sprechen indessen nur im Allgemeinen die Zulässigkeit aus, setzen also für den einzelnen Fall voraus, daß die zuständigen Behörden zu einer solchen Verkehrsoperation ihre Zustimmung ertheilen, was in der Regel nur dann geschehen wird, wenn der Nachweis der Nothwendigkeit oder Nützlichkeit derselben für die heimische Industrie erbracht ist.

Dieser Verkehr kann jedoch namentlich zwischen Nachbarstaaten auch zum Gegenstand einer vertragsmäßigen Vereinbarung in der Weise gemacht werden, daß sich die beiden vertragschließenden Theile verpflichten, einestheils Gegenstände, welche zur Veredelung eingehen, von Eingangsabgaben und demnächst beim Wiederausgange von Ausgangsabgaben freizulassen, anderentheils die in veredeltem Zustande zurückkehrenden Gegenstände gleichfalls mit Eingangsabgaben nicht zu belasten. Die Vereinbarung kann auch nur auf den letzteren Punkt beschränkt werden, so daß nur die Erhebung von Eingangs= zöllen für die zum Zwecke der Veredelung in das Ausland ausge= führten, in veredeltem Zustande zurückkommenden Gegenstände unter= sagt wird, während es dem autonomen Ermessen jedes Staates überlassen bleibt, ob er Waaren, welche in sein Gebiet behufs der Veredelung eingeführt werden sollen, zollfrei eingehen lassen will. Eine Vereinbarung in letzterer Beziehung erscheint oft weniger noth= wendig, weil die autonome Zulassung fremder Waaren zur Ver= edelung im Inlande zumeist im eigenen Interesse des Veredelungs= landes liegt.

Im Uebrigen werden die auf den Veredelungsverkehr bezüg= lichen Verabredungen in der Regel an zwei Voraussetzungen geknüpft, nämlich an die unbedingte Festhaltung der Identität des Gegen= standes und an die Beschränkung der Begünstigung auf die eigenen Erzeugnisse der beiden vertragschließenden Länder.

Durch die Festhaltung der Identität des zur Veredelung be= stimmten Gegenstandes wird dem Mißbrauch vorgebeugt, daß ein Austausch dieses Gegenstandes im Veredelungslande stattfindet. Die Zollfreiheit wird hiernach nur dann gewährt, wenn die Gewißheit vorliegt, daß dieselbe Waare, welche zur Veredelung eingeht, auch wieder ausgeht, beziehungsweise dieselbe Waare, welche zum Zwecke der Veredelung ausgeführt wurde, auch zurückkehrt.

Nicht minder wichtig ist die zweite Voraussetzung, daß die Zulassung des Veredelungsverkehrs auf die Gegenstände der einheimischen Erzeugung der Vertragsstaaten beschränkt werden soll. Eine vertragsmäßige Verpflichtung, auch andere Erzeugnisse, als diejenigen des Vertragsstaates, zum Zwecke der Veredelung zollfrei einzulassen, beziehungsweise die zollfreie Rückeinfuhr von Gegenständen, welche in das Gebiet des anderen Theiles zur Veredelung ausgeführt worden sind, auch dann zu gestatten, wenn dieselben nicht im Inlande erzeugt worden sind, wird als eine über den eigentlichen Zweck eines vertragsmäßigen Veredelungsverkehrs hinausgehende und das Zollerträgniß unter Umständen nicht unwesentlich beeinträchtigende Maßregel betrachtet. Namentlich bei dem sehr ausgedehnten Verkehr in der Textilindustrie wird die Gewährung der Zollfreiheit von dem Nachweise der einheimischen Erzeugung der zum Veredelungsverkehr zugelassenen Waaren abhängig gemacht.

Der Natur der Sache nach eignet sich der Veredelungsverkehr vorzugsweise zur Gegenseitigkeit in der Weise, daß sich beide vertragschließende Länder die gleiche Veredelungsthätigkeit für die gleichen Gegenstände zusichern. Es kann jedoch die Zulassung eines bestimmten Zweiges des Veredelungsverkehrs, z. B. das Färben und Bedrucken von Garnen oder Geweben, auch ein einseitiges Zugeständniß eines Vertragsstaates bilden.

Was die einzelnen, beim Veredelungsverkehr hauptsächlich in Betracht kommenden Gegenstände betrifft, so kann sich die Veredelungsthätigkeit beziehen auf das Verarbeiten von Roheisen, auf die Bereitung von Leder und Pelzwerk aus Häuten und Fellen, auf das Lackiren, Poliren und Bemalen von Gegenständen, auf das Vermahlen von Getreide, das Mästen von Vieh, das Schneiden und Sägen des Holzes u. s. w. Den wichtigsten und bei Vertragsvereinbarungen zumeist in Berücksichtigung kommenden Gegenstand des Veredelungsverkehrs bilden gewisse Thätigkeiten innerhalb der Textilindustrie, namentlich: das Waschen, Bleichen, Färben, Walken, Appretiren, Bedrucken und Sticken von Geweben und Garnen aller

Art, das Stricken von Garnen, die Herstellung von Spitzen und Posamentirwaaren aus Gespinnsten, das Färben von Seide u. s. w. Die Herstellung von Geweben aus Gespinnsten wird vielfach nicht als eine Veredelungsthätigkeit betrachtet, da es sich um eine Verarbeitung, um die Herstellung einer neuen fertigen Waare aus einem Halbfabrikat handele, während bei dem Bleichen und Bedrucken der Garne oder Gewebe die Substanz dieser Gegenstände nicht geändert werde. Im Uebrigen ist der vertragsmäßige Veredelungsverkehr sowohl hinsichtlich der Gegenstände als hinsichtlich der Modalitäten in der Regel mehr oder minder größeren Beschränkungen, als der autonome Veredelungsverkehr, unterworfen.

Was die Frage der Zweckmäßigkeit des Veredelungsverkehrs betrifft, so sind diejenigen Industriezweige des Inlandes, welche die Veredelungsthätigkeit gleichfalls besorgen können, z. B. die Druckereien, Färbereien u. s. w., Gegner einer Begünstigung der Veredelung im Auslande mittelst der zollfreien Behandlung der zurückkommenden veredelten Waare. Abgesehen von der Nichtberücksichtigung der heimischen Veredelungsindustrie wird namentlich auch auf die Schwierigkeiten, welche sich der Kontrole der Identität entgegenstellen, sowie auf den Mißbrauch hingewiesen, welcher durch das Einbringen besserer Waare an Stelle der zur Veredelung ausgeführten schlechteren Waare entstehen kann.

Ebenso wie gegen die Gewährung der Zollfreiheit für die aus dem Veredelungslande in veredeltem Zustande zurückkehrenden Gegenstände bestehen theilweise auch Bedenken gegen die zollfreie Einlassung von Gegenständen behufs der Veredelung. Dieselben richten sich in der Hauptsache gegen den sogenannten Transitveredelungsverkehr, d. h. jenen Verkehr, bei welchem der Gegenstand in dem veredelten Zustande nicht in dasjenige Land zurückgeht, aus welchem er in unbearbeitetem Zustande gekommen ist, sondern in ein drittes Land ausgeführt wird. Es wird in dieser Beziehung befürchtet, daß diese zollfrei eingelassenen und im Inlande billig veredelten Gegenstände demnächst auf dem Markte des dritten Landes den einheimischen Produkten des Veredelungslandes erleichterte Konkurrenz machen, daß beispielsweise die einheimischen Druckereien und

Färbereien, statt einheimische Garne und Gewebe zu bedrucken, zu färben und demnächst auszuführen, es vorziehen, ausländische Garne und Gewebe zollfrei einzuführen, welche sie demnächst veredeln und in das dritte Land ausführen. Wie in den meisten Fragen der äußeren Handelspolitik, so wird auch in Bezug auf die Frage der Zweckmäßigkeit des Veredelungsverkehrs das praktische Interesse im konkreten Falle entscheidend sein. Die Förderung der Veredelung ausländischer Gegenstände im Inlande erscheint in den meisten Fällen erwünscht. Unter besonderen, ausnahmsweisen Umständen kann auch eine Zulassung der Veredelung einheimischer Gegenstände im Auslande wenigstens vorübergehend veranlaßt sein; es erscheint jedoch im Allgemeinen erwünscht, die Bestimmungen hierüber auf autonomem Wege treffen zu können, ohne durch internationale Vereinbarungen gebunden zu sein. Die autonome Aktionsfreiheit vorausgesetzt, kann auch bezüglich der Form der Zulassung des Veredelungsverkehrs im Einzelfalle jeweils der zweckmäßigste Weg gewählt werden; man kann beispielsweise im Veredelungslande den bei der Einfuhr eines Gegenstandes zur Erhebung kommenden Eingangszoll bei der Ausfuhr des veredelten Gegenstandes rückvergüten, oder behufs der Zollkontrole die Bearbeitung in Entrepôts vornehmen lassen.

Für Deutschland ist in § 115 des Vereinszollgesetzes vom 1. Juli 1869 bestimmt, daß Gegenstände, welche zur Verarbeitung, zur Vervollkommnung, oder zur Reparatur mit der Bestimmung zur Wiederausfuhr eingehen, vom Eingangszolle befreit werden können. In besonderen Fällen kann dies auch geschehen, wenn Gegenstände zu einem der bezeichneten Zwecke nach dem Auslande gehen und in vervollkommnetem Zustande zurückkommen. —

Ein umfangreicher gegenseitiger Veredelungsverkehr bestand früher zwischen Deutschland und Oesterreich-Ungarn. Derselbe hatte sich im Zusammenhang mit der zollfreien Zulassung von Rohleinen aus Oesterreich in Deutschland aus dem ursprünglichen Grenzverkehr mit leinenem Garn zum Bleichen und Verweben allmählig und stetig auf die verschiedenartigsten Waarengattungen ausgedehnt. Er wurde in dem Handelsvertrage vom 19. Februar 1853 vertragsmäßig geregelt und erlaubte, daß Gegenstände und Waaren einheimischer Erzeugung nach dem Nachbarlande zum Zwecke der Bearbeitung oder Veredelung zollfrei eingehen und nach der Bearbeitung wieder zollfrei zurückkehren konnten. Der Zweck dieses Verkehrs war, einen nachbarlichen Grenzverkehr zwischen den beiden Staaten herzustellen und die beiderseitigen Arbeitskräfte besser auszunutzen. Allmählig erweiterte sich der ursprüngliche Zweck; namentlich gewann das Bedrucken österreichischer Kattune im Elsaß bedeutend an Ausdehnung. Der Verkehr, welcher in den Handelsverträgen zwischen Deuschland und Oesterreich-Ungarn vom 11. April 1865, 9. März 1868 und 16. Dezember 1878 aufrecht erhalten worden war, wurde durch die am 31. Dezember 1879 ausgetauschten Erklärungen der beiden Staaten außer Wirksamkeit gesetzt. In Deutschland wird seit dieser Zeit die Erlaubniß zur zollfreien Wiedereinfuhr von im Auslande veredelten Gegenständen nur insoweit ertheilt, als der Nachweis der Nothwendigkeit oder Nützlichkeit für den deutschen Verkehr erbracht wird. In Oesterreich-Ungarn wurde für Gewebe mechanischer Erzeugung, welche zum Bedrucken oder Färben nach Deutschland ausgeführt und in bedrucktem oder gefärbtem Zustande wieder in Oesterreich eingeführt wurden, zunächst der sogenannte Appreturzoll eingerichtet, welcher einen Prozentsatz des Zolles darstellte, welchem die eingehende Waare je nach ihrer tarifmäßigen Beschaffenheit bei ihrer Einfuhr unterlag. Demnächst wurde aber auch diese theilweise Begünstigung aufgehoben und die volle Zollpflicht als Regel aufgestellt.

Zur Zeit hat Deutschland einen vertragsmäßigen Veredelungsverkehr nur in dem Handelsvertrage mit der Schweiz vom 23. Mai 1881 vereinbart. Durch § 6 dieses Vertrages ist zur Regelung des Verkehres zum Zweck der Veredelung von Waaren zwischen den Gebieten der vertragschließenden Theile festgesetzt, daß bei der Rückkehr aus dem Veredelungslande von Eingangsabgaben befreit bleiben:

a) Gewebe und Garne, welche zum Waschen, Bleichen, Färben, Walken, Appretiren, Bedrucken und Sticken, sowie Garne, welche zum Stricken,
b) Gespinnste (einschließlich der erforderlichen Zuthaten), welche zur Herstellung von Spitzen und Posamentirwaaren,
c) Garne in gescheerten (auch geschlichteten) Ketten nebst dem erforderlichen Schußgarn, welche zur Herstellung von Geweben,
d) Seide, welche zum Färben,
e) Häute und Felle, welche zur Leder- und Pelzwerkbereitung,
f) Gegenstände, welche zum Lackiren, Poliren und Bemalen in das andere Gebiet ausgeführt worden sind,
g) sonstige, zur Ausbesserung, Bearbeitung oder Veredelung bestimmte, in das andere Gebiet gebrachte und nach Erreichung jenes Zweckes, unter Beobachtung der deshalb getroffenen

besonderen Vorschriften, zurückgeführte Gegenstände, wenn die wesentliche Beschaffenheit und die Benennung derselben unverändert bleibt,
und zwar in allen diesen Fällen, sofern die Identität der aus- und wiedereingeführten Waaren und Gegenstände außer Zweifel ist.

Außerdem kann bei Garnen und Geweben die Zollfreiheit von dem Nachweise der einheimischen Erzeugung der zur Veredelung ausgeführten Waaren abhängig gemacht werden.

Ausgangsabgaben dürfen von Waaren, welche nach erfolgter Veredelung in das Versendungsland zurückgeführt werden, nicht erhoben werden.

Was die Anwendung der Meistbegünstigung auf den Veredelungsverkehr betrifft, so wird Manches dafür angeführt, daß die vertragsmäßige Befreiung der zur Veredelung eingehenden Gegenstände von den Eingangsabgaben auch von den übrigen meistbegünstigten Ländern in Anspruch genommen werden kann, während keine Gründe dafür laut werden, die Meistbegünstigung auch auf die Zollbefreiung der zum Zwecke der Veredelung ausgeführten und in veredeltem Zustande zurückkommenden Gegenstände zu beziehen. Jedenfalls müßte, wenn der Veredelungsverkehr, wie es zumeist der Fall ist, nach Form und Inhalt ein gegenseitiger ist, die Erfüllung der Gegenseitigkeit Seitens des dritten Staates die Voraussetzung für die Zulassung zum Veredelungsverkehr auf Grund der Meistbegünstigung bilden.

2. Der Grenzverkehr.

Zur Erleichterung im gegenseitigen Grenzverkehr können unter Nachbarstaaten besondere Vereinbarungen in den Handelsverträgen getroffen werden.

Der wesentlichste Inhalt solcher Vereinbarungen ist häufig folgender:

Um die Bewirthschaftung der an der Grenze liegenden Güter und Wälder zu erleichtern, sind von allen Eingangs- und Ausgangsabgaben befreit:
Getreide in Garben oder in Aehren, die Roherzeugnisse der Wälder, Holz und Kohlen, Sämereien, Stangen, Rebstecken, Thiere und Werkzeuge jeder Art, die zur Bewirthschaftung der

innerhalb eines Umkreises von 10 km. auf beiden Seiten der Grenze gelegenen Güter dienen. Gleiche Befreiung genießen sämmtliche Erzeugnisse des Ackerbaus und der Viehzucht eines einzelnen, von der Zollgrenze zwischen beiden Gebieten durchschnittenen Landgutes, bei der Beförderung zu den Wohn- und Wirthschaftsgebäuden aus den durch die Zollgrenze davon getrennten Theilen.

Von Eingangs- und Ausgangsabgaben sind ferner befreit:

1) Vieh, welches zur Arbeit aus dem einen Gebiete in das andere vorübergehend gebracht wird und von der Arbeit aus letzterem in das erstere zurückkommt; desgleichen landwirthschaftliche Maschinen und Geräthe, welche zur vorübergehenden Benutzung aus dem einen in das andere Gebiet gebracht und nach erfolgter Benutzung in das erstere zurückgeführt werden;

2) Holz, Getreide und andere landwirthschaftliche Gegenstände, welche im gewöhnlichen kleinen Grenzverkehr zum Schneiden, Mahlen u. s. w. aus dem einen Gebiete in das andere gebracht und geschnitten, gemahlen u. s. w. in das erstere Gebiet zurückgebracht werden;

3) Waaren oder Gegenstände, welche im gewöhnlichen kleinen Grenzverkehr entweder zur Veredelung oder zur handwerksmäßigen Verarbeitung oder Ausbesserung aus dem einen Gebiete in das andere aus- und nachher veredelt, verarbeitet oder ausgebessert wieder eingehen.

4) die selbstverfertigten Erzeugnisse der Handwerker, welche von diesen aus dem einen Gebiete auf die benachbarten Märkte des andern gebracht werden und als unverkauft zurückkommen, mit Ausschluß von Gegenständen der Verzehrung. (Vgl. den Handelsvertrag zwischen Deutschland und der Schweiz vom 23. Mai 1881 Anlage B.)

Es empfiehlt sich, in den Handelsverträgen nicht nur die Kontrolen, welchen sich der Grenzverkehr zu unterwerfen hat, sondern auch Näheres darüber zu bestimmen, was unter Grenzbezirk und Grenzverkehr zu verstehen ist.

Der Grenzbezirk wird in der Regel nicht weiter als auf eine Grenzzone von 10 km Entfernung von der Grenze erstreckt. Ueber diesen Bezirk hinaus werden Begünstigungen nur ausnahmsweise beim Vorhandensein eines dringenden örtlichen Bedürfnisses bewilligt.

Unter Grenzverkehr wird in der Hauptsache nur der Verkehr zwischen den Bewohnern der beiderseitigen Grenzbezirke in Bezug auf Gegenstände ihres **eigenen** Bedarfs verstanden. Eine weitergehende Auslegung kann darin bestehen, daß die Begünstigungen des Grenzverkehrs nicht nur auf die zum eigenen persönlichen Bedarf der Grenzbewohner ausgeführten und in verarbeitetem Zustande wieder eingeführten Gegenstände beschränkt werden, sondern auch für jene Fälle gewährt werden, in welchen die Gegenstände für den lokalen Bedarf der Bewohner der Grenzorte überhaupt bestimmt sind. In diesem Falle kann also im Gegensatze zu der Beschränkung auf den Bezug für den eigenen persönlichen Bedarf der Grenzbewohner ein gewerbsmäßiger Verkauf der im Grenzverkehr zollfrei bezogenen Gegenstände in den zum Grenzbezirke gehörigen Gemeinden für den lokalen Bedarf des Grenzbezirkes stattfinden. Schon bezüglich dieses lokalen gewerbsmäßigen Verkaufes innerhalb des Grenzbezirkes wird im Einzelfalle jeweils die strengere Auslegung Platz greifen; ein weitergehendes Zugeständniß auch bezüglich des gewerbsmäßigen Verkaufes für den Bedarf außerhalb des Grenzbezirkes würde zu erheblichen Mißbräuchen und zur thatsächlichen Beseitigung des Begriffes des Grenzverkehrs führen.

Die eigentlichen Grenzerleichterungen, welche sich Nachbarstaaten gegenseitig in Handelsverträgen zusichern, fallen nicht unter die Meistbegünstigungsklausel, sofern der Charakter des Grenzverkehrs, namentlich in Bezug auf die Beschränkung des räumlichen Umfanges und der Geltung für die Bewohner des Grenzbezirkes sowie der Natur der Sache nach, unzweifelhaft feststeht. So sind beispielsweise in dem Handelsvertrage zwischen Deutschland und Oesterreich-Ungarn vom 23. Mai 1881 von der Meistbegünstigung ausdrücklich jene Begünstigungen ausgenommen, welche von einem der vertragschließenden Theile einem Nachbarlande zur Erleichterung des Verkehrs für gewisse Grenzstrecken und für die Bewohner einzelner Gebietstheile eingeräumt werden.

In Deutschland können nach § 116 des Vereinszollgesetzes in Bezug auf den kleinen Grenzverkehr nach Maßgabe des örtlichen Bedürfnisses besondere Erleichterungen autonom gewährt werden. Vertragsmäßige Vereinbarungen über die Art und den Umfang des grenznachbarlichen Verkehrs bestehen gegenwärtig in den Handelsverträgen Deutschlands mit Oesterreich-Ungarn einerseits und mit der Schweiz andererseits vom 23. Mai 1881.

Eine außergewöhnliche Art des Grenzverkehrs enthält die in dem Handelsvertrage zwischen Oesterreich-Ungarn und Serbien vom 6. Mai 1881 getroffene Vereinbarung, daß gewisse Gegenstände österreichisch-ungarischen Ursprungs bei ihrer Einfuhr in Serbien nur die Hälfte des für die meistbegünstigten Nationen jeweils bestehenden Zolles entrichten sollen, sofern ihre Einfuhr unmittelbar über die gemeinschaftliche österreichisch-ungarisch-serbische Zollgrenze erfolgt. Da diese Vereinbarung nicht auf einen bestimmten Grenzbezirk beschränkt ist, vielmehr für den ganzen Umfang der beiden Länder gilt, so kann man wohl kaum von einem eigentlichen Grenzverkehr sprechen, auf welchen die Meistbegünstigungklausel prinzipiell keine Anwendung fände. Denn bei weiterer Ausdehnung dieses Princips würde ein Staat in der Lage sein, mit seinen Nachbarstaaten für den unmittelbaren Uebergang der beiderseitigen Landesprodukte über die beiderseitige Landesgrenze spezielle Tarife zu vereinbaren, — ein Verfahren, durch welches die Meistbegünstigung in der Hauptsache illusorisch würde. Bei der Vereinbarung zwischen Oesterreich und Serbien liegt jedoch eine, bestimmten historischen Verhältnissen entspringende Ausnahme vor, welche in dem österreichischen Motivenberichte damit begründet ist, daß sie eine allerdings bescheidene, aber in Hinblick auf die Ausschließlichkeit der Zollbegünstigungen für österreichisch-ungarische Produkte immerhin werthvolle Verkörperung des in der Präliminarkonvention zwischen Oesterreich-Ungarn und Serbien vom 8. Juli 1878 zugefügten traitement spécial des Grenzverkehrs bilde. In dieser Präliminarkonvention war eine vollständige Zolleinigung der beiden Länder in Aussicht genommen.

In ähnlicher Weise und gleichfalls auf Grund einer besonderen historischen Entwickelung sind Italien für die Weine Mittelitaliens, der Lombardei und Venetiens sowie für venetianische Strohhüte bei der Einfuhr nach Oesterreich ermäßigte Zollsätze gewährt, an welchen die übrigen meistbegünstigten Nationen nicht Theil nehmen.

Dergleichen Ausnahmen können zu einer Aenderung der prinzipiellen Auffassung des Grenzverkehrs keinen Anlaß geben.

3. Das Zollkartell.

Zollkartell ist eine Vereinbarung, durch welche sich zwei Staaten verpflichten, sich gegenseitig bei dem Schutz ihrer Grenzen gegen den Schleichhandel behülflich zu sein, und zwar in doppelter Weise: einmal, indem sie ihren eigenen Angehörigen Handlungen, welche nach ihrer allgemeinen Gesetzgebung erlaubt sind, verbieten, und zweitens, indem sie ihre Grenzzollorgane verpflichten, den Beamten des anderen Staates bei der Unterdrückung des Schleichhandels Hülfe zu leisten. Außerdem kann das Zollkartell auch in der Zusicherung des Ineinandergreifens der beiderseitigen Eingangs- und Ausgangsabfertigung und des Zusammenwirkens der beiderseitigen Organe bei der Zollabfertigung und bei der Grenzüberwachung im Allgemeinen bestehen.

Das Interesse an der Vereinbarung eines Zollkartells ist für einen Staat um so größer, je mehr er den Schmuggel, sei es wegen der Höhe seiner Zollsätze, oder wegen der ungünstigen, langgestreckten Lage seiner Grenze, oder wegen der Unzuverlässigkeit seiner eigenen Verwaltungsorgane, zu befürchten hat. Demgegenüber wird ein Staat mit günstigeren Verhältnissen sich auf den Abschluß eines Zollkartells nur dann einlassen, wenn sein Nachbarstaat nicht derartig hohe Eingangszölle festhält, daß hierdurch der Schleichhandel erheblich provozirt wird, und wenn der Unterschied zwischen der Tüchtigkeit der beiderseitigen Grenzbewachung sowie zwischen den für jeden Theil zu erwartenden Vortheilen nicht zu groß ist. Ein Staat mit geordneter Zollverwaltung wird überhaupt ein Zollkartell nur ausnahmsweise unter besonderen Verhältnissen abschließen, eventuell für dasselbe die Bewilligung von Gegenkonzessionen in anderweiter Beziehung zu erreichen suchen.

In dem Handelsvertrage zwischen Deutschland und Oesterreich-Ungarn vom 23. Mai 1881 haben sich beide Theile verpflichtet, auch ferner zur Verhütung und Bestrafung des Schleichhandels nach oder aus ihren Gebieten durch angemessene Mittel mitzuwirken, die zu diesem Zweck erlassenen Strafgesetze aufrecht zu erhalten, die Rechtshülfe zu gewähren, den Aufsichtsbeamten des einen Gebietes die Verfolgung der Contraventionen in das andere zu gestatten und denselben durch Steuer-, Zoll- und Polizeibeamte sowie durch die Ortsvorstände alle erforderliche Auskunft und Beihilfe zu Theil werden zu lassen.

Diesen allgemeinen Bestimmungen entsprechend ist zwischen den beiden Staaten ein Zollkartell abgeschlossen worden.

VIII.
Vereinbarungen verschiedenen Inhalts in den Handelsverträgen.

Außer den bisher erörterten Gegenständen werden in den Handelsverträgen zumeist noch verschiedene, auf Handel und Verkehr bezügliche Punkte geregelt, wobei sich zwar allgemeine Grundsätze herausgebildet haben, welche jedoch im Einzelnen je nach den konkreten Verhältnissen der vertragschließenden Staaten mehr oder minder großen Aenderungen unterliegen. In der Hauptsache kommen folgende Punkte in Betracht:

1) Besondere Begünstigungen für Waaren (mit Ausnahme von Verzehrungsgegenständen), welche aus dem freien Verkehr im Gebiete des einen der vertragschließenden Theile in das Gebiet des anderen auf Märkte oder Messen gebracht, oder auf ungewissen Verkauf außer dem Meß= und Marktverkehr versendet, in dem Gebiete des andern Theiles aber nicht in den freien Verkehr gesetzt, sondern unter Kontrole der Zollbehörden in öffentlichen Niederlagen gelagert, sowie für Muster, welche von Handelsreisenden eingebracht werden. Dergleichen Vereinbarungen finden namentlich zwischen Nachbarstaaten statt.

2) In Bezug auf den Antritt, den Betrieb und die Abgaben von Handel und Gewerbe sowie in Bezug auf die Bezeichnung der Waaren oder deren Verpackung, ferner bezüglich des Schutzes der Fabrik= und Handelsmarken, der Muster und

Modelle und der Erfindungspatente erfolgt zumeist die Zusicherung, daß die Angehörigen der vertragschließenden Theile gegenseitig den Inländern gleichgestellt sein sollen. Von der Gleichstellung in Bezug auf den Handel sind jedoch das Apothekergewerbe, das Handelsmäkler- (Sensalen-) Geschäft und der Gewerbebetrieb im Umherziehen (einschließlich des Hausirhandels) öfters ausgenommen. Kaufleute, Fabrikanten und andere Gewerbtreibende, welche sich darüber ausweisen, daß sie in dem Staate, wo sie ihren Wohnsitz haben, zum Gewerbebetriebe berechtigt sind oder die gesetzlichen Abgaben für das von ihnen betriebene Geschäft entrichten, sollen, wenn sie persönlich oder durch in ihren Diensten stehende Reisende Ankäufe machen oder Bestellungen nur unter Mitführung von Mustern suchen, in dem Gebiete des anderen vertragschließenden Theiles keine weitere Abgabe hierfür zu entrichten verpflichtet sein.

3) Besondere Vereinbarungen finden in der Regel in Bezug auf die S ch i f f f a h r t statt, und zwar, sofern nicht das Vorhandensein einer surtaxe d'entrepôt oder sonstiger Vorrechte der nationalen Schifffahrt in einem Vertragsstaate spezielle Vorbehalte und Bestimmungen erforderlich macht, zumeist auf folgenden allgemeinen Grundlagen:

Als Schiffe eines Vertragsstaates sollen alle diejenigen angesehen werden, welche nach den Gesetzen dieses Staates als nationale Schiffe anzuerkennen sind. Waaren jeder Art und Herkunft, welche in dem Gebiete des einen der vertragschließenden Theile von nationalen Schiffen zur Ein-, Aus-, Durchfuhr oder auf Niederlagen gebracht werden dürfen, können auch von den Schiffen des anderen Theils ein-, aus-, durchgeführt oder auf Niederlagen gebracht werden, ohne anderen Zöllen oder Beschränkungen zu unterliegen und mit der Berechtigung auf dieselben Begünstigungen, Privilegien, Ermäßigungen und Rückerstattungen, welche den von nationalen Schiffen ein-, aus-, durchgeführten oder auf Niederlagen gebrachten Waaren eingeräumt werden.

Die Schiffe eines der vertragschließenden Theile, welche mit Ballast oder beladen in die Häfen des anderen Theiles einlaufen oder dieselben verlassen, sollen daselbst in jeder Hinsicht auf demselben Fuß wie die einheimischen Schiffe behandelt werden.

In manchen Verträgen ist auch vereinbart, daß zur Nachweisung über die Ladungsfähigkeit der Seehandelsschiffe bei Feststellung von Schifffahrts- und Hafenabgaben die nach der Gesetzgebung ihrer Heimath gültigen Meßbriefe genügen sollen. Die Bestimmungen über die gegenseitige Behandlung der Meßbriefe werden jedoch zumeist durch spezielle Vereinbarungen außerhalb der Handelsverträge geregelt.

Was die Küstenschifffahrt betrifft, so soll jeder der vertragschließenden Theile für seine Schiffe alle Begünstigungen und Vorrechte, welche der andere Theil in dieser Hinsicht irgend einer dritten Macht eingeräumt hat oder einräumen wird, unter der Bedingung in Anspruch nehmen können, daß er den Schiffen des anderen Theiles dieselben Begünstigungen und Vorrechte in seinem Gebiete zugesteht. Es sollen die Schiffe eines jeden der vertragschließenden Theile, welche in einen der Häfen des anderen Theiles einlaufen, um daselbst ihre Ladung zu vervollständigen oder einen Theil derselben zu löschen, wenn sie sich den Gesetzen und Verordnungen des Landes fügen, den nach einem anderen Hafen desselben oder eines anderen Landes bestimmten Theil ihrer Ladung an Bord behalten und ihn wieder ausführen können, ohne gehalten zu sein, für diesen letzteren Theil ihrer Ladung irgend eine Abgabe zu bezahlen, außer den Aufsichtsabgaben, welche übrigens nur nach dem für die inländische Schifffahrt bestimmten Satze erhoben werden dürfen. —

Im Allgemeinen wird die Küstenschifffahrt den einheimischen Schiffen als Regel vorbehalten und den Schiffen anderer Staaten nur insoweit eingeräumt, als die Gegenseitigkeit gesichert ist.

Im Uebrigen wird auch bezüglich der Schifffahrt die Meistbegünstigung zumeist derart vereinbart, daß jedes Vorrecht und jede Befreiung, welche von einem Theile in Bezug auf die Schifffahrt einer dritten Macht eingeräumt werden sollte, gleichzeitig und bedingungslos auch dem anderen Theile zustehen soll.

4) In einzelnen Handelsverträgen zwischen Nachbarstaaten

finden sich, allerdings nicht häufig, auch Vereinbarungen bezüglich des Eisenbahnwesens.

Dies ist beispielsweise in dem Handelsvertrage zwischen Deutschland und Oesterreich-Ungarn vom 23. Mai 1881 der Fall. Nach den bezüglichen Bestimmungen soll auf Eisenbahnen sowohl hinsichtlich der Beförderungspreise als der Zeit und Art der Abfertigung kein Unterschied zwischen den Bewohnern der Gebiete der vertragschließenden Theile gemacht werden. Namentlich sollen die aus den Gebieten des einen Theiles in das Gebiet des anderen Theiles übergehenden oder das letztere transitirenden Transporte weder in Bezug auf die Abfertigung, noch rücksichtlich der Beförderungspreise ungünstiger behandelt worden, als die aus dem Gebiete des betreffenden Theiles abgehenden oder darin verbleibenden Transporte.

Der gegenseitige Eisenbahnverkehr soll in den beiderseitigen Gebieten durch Herstellung unmittelbarer Schienenverbindungen zwischen den an einem Orte zusammentreffenden Bahnen und durch Ueberführung der Transportmittel von einer Bahn auf die andere möglichst erleichtert und gegen Störungen und Behinderungen sichergestellt werden.

Weitere Bestimmungen beziehen sich auf die Einführung direkter Expeditionen oder direkter Tarife im Personen- und Güterverkehr, auf die Desinfektion der Eisenbahnwagen, auf die zollamtliche Abfertigung der Eisenbahngüter, auf die Währung, in welcher die Tarife in gewissen Fällen aufzustellen sind, sowie auf die Annahme von Zahlungsmitteln in bestimmten Fällen.

Was die Zweckmäßigkeit von Bestimmungen über das Eisenbahnwesen in Handelsverträgen betrifft, so wird es unter Umständen von Nachbarstaaten für vortheilhaft gehalten, gegenseitig im Allgemeinen vertragsmäßig sicherzustellen, daß in den Gebieten des einen der vertragschließenden Theile die eingeführten Waaren des anderen Theiles in den Eisenbahnfrachtverhältnissen nicht ungünstiger behandelt werden dürfen, als die einheimischen Waaren. Da die Zolltarifvereinbarungen durch eine differentielle Behandlung in den Eisenbahntransporttarifen thatsächlich illusorisch gemacht werden können, so erscheinen gewisse Garantien in dieser Beziehung unter Umständen von Werth, obwohl mit geeigneten Repressalien manchem Mißbrauch vorgebeugt werden kann. Wenn beispielsweise ein Staat, um seinen Export zu unterstützen, seine nach der Grenze laufenden Eisenbahntarife für seine Waaren unnatürlich ermäßigt, so kann der andere Staat, um die Konkurrenz in seinem Gebiete, beziehungsweise in einem dritten Lande, zu erschweren, seine Fortsetzungstarife entsprechend erhöhen.

Weitergehende Vertheidiger von internationalen Vereinbarungen auf dem Gebiete des Eisenbahnwesens befürworten, daß zur Erleichterung und Vereinfachung des internationalen Eisenbahn-Güterverkehrs sowohl für den direkten als auch für den internen Verkehr in den vertragschließenden Staaten ein gleichartiges System mit einheitlichem Tarifschema, einheitlicher Waarenklassifikation und einheitlichen reglementarischen Bestimmungen zur Einführung gelangen und eine Abänderung dieser Grundlagen nur in gegenseitigem Einvernehmen stattfinden soll.

Diesen Wünschen gegenüber wird jedoch geltend gemacht, daß dergleichen Vereinbarungen zumeist auf große Schwierigkeiten hinsichtlich der Ausführung stoßen würden, und daß es bedenklich erscheine, Eisenbahntarife, für welche in erster Linie das inländische Interesse maßgebend sein soll, durch Verträge mit anderen Staaten festzulegen und hierdurch die autonome Aktionsfreiheit einzuschränken.

Im Uebrigen wird meistens darauf gehalten, die auf das Eisenbahnwesen bezüglichen Verabredungen, soweit nicht besondere Erwägungen obwalten, nicht in die Handelsverträge, sondern in selbständige Eisenbahnverträge aufzunehmen. Zwischen Zolltarifen und Eisenbahntarifen ist im Allgemeinen kein derartiger innerer organischer Zusammenhang hergestellt, daß Konzessionen auf dem einen Gebiete mit Gegenkonzessionen auf dem anderen Gebiete ausgeglichen werden.

Die Meistbegünstigung findet auf Vereinbarungen über Eisenbahntarife keine Anwendung.

5) Ueber die Geldwerthe, in welchen die Zölle zu entrichten sind, finden sich in den Handelsverträgen nur selten besondere Bestimmungen.

In dem Tarife zu dem Handelsvertrage zwischen dem Zollverein und der Türkei vom 20. März 1862 ist bestimmt, daß die Zahlung der Zollabgaben baar, in gutem Gold- und Silbergeld, derart zu geschehen habe, daß der Medschidié in Gold zu hundert Piastern, seine Unterabtheilungen in Gold und Silber, von guter Währung, nach diesem Verhältnisse: — fünf Medschidié Silber für ein Medschidié Gold zu hundert Piastern — gerechnet werden.

Falls Spezialbestimmungen nicht getroffen sind, wird zumeist als Regel betrachtet, daß die Zölle in der jeweiligen Landeswährung zu entrichten sind. Wenn daher bestimmte Zollsätze beispielsweise in Gulden zu einer Zeit vertragsmäßig vereinbart worden sind, in welcher Silbergulden die Landeswährung bildeten, so würden nach dem vorstehenden Grundsatze, falls der Staat seine Landeswährung in eine Goldwährung verändert, die Vertragszölle in Goldgulden erhoben werden können. Dagegen wäre es nicht einwandsfrei, im Falle der Beibehaltung der Silberwährung als Landeswährung für vertragsmäßige Zölle die Zahlung in Gold zu verlangen. Die Einführung von Goldzöllen unter gleichzeitiger Beibehaltung einer Silber- oder Papierwährung als Landeswährung würde vielmehr nur insoweit möglich sein, als die Zolltarifsätze nicht vertragsmäßig vereinbart sind.

Währungsänderungen während der Vertragsdauer können eine beträchtliche Wirkung auf die gegenseitigen Handelsbeziehungen üben.

6) Bezüglich der Zollabfertigung kann vereinbart werden, daß dieselbe zur Förderung der gegenseitigen Handelsbeziehungen im wechselseitigen Verkehr so weit erleichtert werden soll, als sich dies mit der Zollsicherheit verträgt. Im Uebrigen wird in Bezug auf die Zollformalitäten, die Zollbehandlung und Zollabfertigung in der Regel gegenseitig die Meistbegünstigung zugesichert.

Ueberseeischen Ländern gegenüber wahren sich europäische Staaten ihre Befugnisse öfters in der Weise, daß ihren Konsuln bei der Zollabfertigung, z. B. der Waareneinschätzung, der Tarifklassifizirung, Werthabschätzung, u. s. w. gewisse Mitwirkungsrechte vertragsmäßig eingeräumt und für Streitfälle spezielle Schiedsgerichte vereinbart werden.

Im Allgemeinen kann es gegenüber Staaten, deren Verwaltung weniger geordnet ist, unter Umständen wünschenswerth erscheinen, Garantien dafür zu erhalten, daß ein regelmäßiges und geordnetes Zollabfertigungsverfahren stattfindet, insbesondere eine verschiedenartige Auslegung des Tarifes Seitens der abfertigenden Zollorgane vermieden wird. Die Wirkungen eines Handelsvertrages können durch administrative Erschwerungen der Zollabfertigung derart beinträchtigt werden, daß die betheiligten Handelskreise zur Vermeidung von Weiterungen und Chikanen es vorziehen, statt auf den Vertragstarif Bezug zu nehmen, auf ihre Sendungen die Sätze des Generaltarifs anwenden zu lassen. Selbstverständlich geht es aber viel zu weit, die Mängel und Schwierigkeiten des Zollabfertigungsverfahrens als Argument gegen die Beibehaltung von Zöllen zu verwerthen; die prinzipielle Frage der Zollpolitik ist nicht nach solchen mehr formellen, sondern nach materiellen Gesichtspunkten zu beurtheilen.

Von besonderer Bedeutung für die Zollabfertigung ist die Frage der Ursprungszeugnisse. Solange ein Staat allen Ländern gegenüber die gleichen Zolltarifsätze anwendet, sind Ursprungszeugnisse gegenstandslos. Insoweit aber konventionelle Begünstigungen einzelner Staaten, sei es auf Grund der mit denselben abgeschlossenen Spezialtarifverträge oder auf Grund der Meistbegünstigungsklausel, bestehen, liegt ein Bedürfniß vor, den Nachweis der Abstammung der Waaren aus einem begünstigten Lande durch Ursprungszeugnisse zu dem Zwecke zu verlangen, um die Provenienzen der nichtbegünstigten Länder von den konventionellen Vortheilen auszuschließen. Wenn die Zahl und der Umfang der letzteren nur ganz gering ist und eine besondere Gefahr der mißbräuchlichen Ausnutzung des Konventionaltarifes Seitens eines nichtberechtigten Staates auf Umwegen nach Lage der thatsächlichen und geographischen Verhältnisse in der Hauptsache ausgeschlossen erscheint, kann es unter Umständen auch bei Konventionaltarifen ausnahmsweise thunlich erscheinen, von Ursprungsattesten für die betreffenden Gegenstände abzusehen. Die Erbringung solcher Atteste kann zu gewissen Weiterungen führen, insbesondere dann, wenn die Waaren nicht direkt, sondern über andere Länder eingeführt werden, abgesehen davon, daß die Gefahr der Umgehung insofern nicht ausgeschlossen ist, als durch die Benutzung von Zwischenhändlern Ursprungszeugnisse aus den begünstigten Ländern beschafft werden können. Von dem Verlangen der Vorlage solcher Atteste kann ausnahmsweise auch dann abgesehen werden, wenn in den Staaten, welche an dem Konventionaltarife nicht theilnahmsberechtigt sind, die in Betracht kommenden Gegenstände überhaupt nicht produzirt werden. Im Allgemeinen wird das Bedürfniß von Ursprungszeugnissen bezüglich der Fabrikate, deren Herstellung in allen nicht begünstigten Ländern möglich ist, stärker hervortreten, als bezüglich der Rohprodukte, deren Gewinnung aus natürlichen Verhältnissen öfters auf bestimmte Länder beschränkt ist.

Was die Form des Nachweises der Abstammung der Waaren aus einem begünstigten Lande betrifft, so genügt es, sofern nach Lage der Sache eine leichtere Handhabung zulässig erscheint, daß der Nachweis durch behördliche, eventuell in beglaubigter Uebersetzung beizubringende Atteste des Heimathlandes oder in anderer Weise (Vorlegung von Schiffspapieren, Fakturen, Originalfrachtbriefen, kaufmännischen Korrespondenzen ꝛc.) glaubhaft erbracht wird. Die Ueberzeugung, daß die Waaren aus einem begünstigten Lande stammen, können die Zollbehörden auch aus der Notorietät gewinnen, und eine Erleichterung wird in dieser Beziehung dadurch gewährt, daß in den Fällen, in welchen über die Abstammung der Waaren aus begünstigten Ländern keine Zweifel bestehen, mit Genehmigung einer höheren Zollbehörde generell von der Beibringung besonderer Nachweise über die Abstammung der Waaren Abstand genommen werden kann. Um Belästigungen bei unbedeutenden Sachen zu vermeiden, wird von solchen Nachweisen insbesondere auch dann abgesehen, wenn die Waaren als Passagiergut von Reisenden eingehen.

Strengere Vorschriften, z. B. das Erforderniß der Vorlage eines von der zuständigen Polizeibehörde des Ursprungslandes unter gewissen Formen ausgestellten und von dem zuständigen Konsulate des Landes, in dessen Gebiet die Einfuhr erfolgt, beglaubigten Attestes, werden bei besonderen Verhältnissen, namentlich wenn größerer Mißbrauch zu befürchten ist, oder bei Maßregeln aus sanitären Gründen als gerechtfertigt betrachtet.

In dem Handelsvertrage zwischen dem Zollverein und Frankreich vom 19. März 1862 war bezüglich der Ursprungszeugnisse bestimmt: „Wer eine Waare einführt, hat der Zollverwaltung des anderen Landes die Abkunft oder Fabrikation derselben nachzuweisen. Dieser Nachweis wird geführt durch Vorlegung einer, vor einer Behörde am Ort der Versendung abgegebenen Erklärung, oder einer von dem Vorstande der zuständigen Zoll- oder Steuerbehörde ausgefertigten Bescheinigung, oder einer von dem in dem Versendungsorte oder Verschiffungshafen residirenden Konsul oder Konsular-Agenten des Landes, wohin die Einfuhr geschehen soll, ausgefertigten Bescheinigung."

Sofern nicht vertragsmäßig vereinbart ist, daß von bestimmten Gegenständen Ursprungszeugnisse nicht gefordert werden dürfen, hat jeder vertragschließende Theil das Recht, Ursprungszeugnisse zu verlangen, soweit er es für seinen Interessen entsprechend hält.

Im Uebrigen wird es vielfach nicht für zulässig gehalten, diejenigen Staaten, welchen die Meistbegünstigung vertragsmäßig auch bezüglich der Zollförmlichkeiten eingeräumt ist, hinsichtlich der Anforderung sowie der wesentlichsten Modalitäten der Ursprungszeugnisse rechtlich verschiedenartig zu behandeln. Jedenfalls steht, wenn die Verwaltungsorgane für eine bestimmte Grenzstrecke den Nachweis der Abstammung für die über diese Grenzstrecke eingehenden Waaren generell als durch die Notorietät erbracht betrachten und aus diesem Grunde von der Forderung von Ursprungsattesten absehen, dritten Staaten auf Grund der Meistbegünstigung kein Anspruch darauf zu, daß die Verwaltungsorgane auch ihnen gegenüber die Notorietät anerkennen.

7) Bezüglich der Tarabehandlung werden nur selten spezielle Bestimmungen vereinbart.

In dem Handelsvertrage zwischen dem Zollverein und Frankreich vom 19. März 1862 hatte sich der erstere verpflichtet, während der Dauer des Vertrages die in dem Vertragstarife angenommenen Tarasätze für französische Weine und Branntweine nicht abzuändern.

In Deutschland wird unter Bruttogewicht das Gewicht der Waare in völlig verpacktem Zustande, mithin in ihrer gewöhnlichen Umgebung für die Aufbewahrung und mit ihrer besonderen für den Transport verstanden. Das Gewicht der für den Transport nöthigen äußeren Umgebung wird Tara genannt. Das Nettogewicht ist das Bruttogewicht nach Abzug der Tara. Bezüglich der Tarabehandlung besteht zur Zeit die Bestimmung, daß die inneren Umschließungen einer Waare in der Regel ohne Einfluß auf die Tarifirung der Waare selbst bleiben. Nur wenn diese Umschließungen an sich einen erheblicheren Gebrauchswerth oder Verkaufswerth haben und gleichzeitig an sich einem Zollsatze von mehr als 30 ℳ für 100 kg. unterliegen, während der Zollsatz der Waare hinter dem Zollsatz der Umschließung zurückbleibt, sollen, abgesehen von einzelnen Ausnahmen, sowohl die Waare wie die Umschließung je nach ihrer Beschaffenheit besonders tarifirt werden.

8) Was die Stellung von Freihafengebieten, beziehungsweise Zollausschlüssen in den Handelsverträgen betrifft, so nehmen dieselben, falls in dem Vertrage andere Vereinbarungen nicht getroffen sind, an den Begünstigungen und Rechten, welche ihrem Lande Seitens eines anderen Staates zugestanden sind, Theil. Die Einbeziehung der Freihafengebiete und Zollausschlüsse in die Handelsverträge erscheint dann um so mehr veranlaßt, wenn denselben das Recht des Abschlusses selbständiger Handelsverträge nach ihren staatlichen Verhältnissen nicht zusteht und es auch nicht zulässig, beziehungsweise nicht zweckmäßig erscheint, für dieselben besondere Handelsvereinbarungen zu treffen. Die aus den Freihäfen und Zollausschlüssen des einen vertragschließenden Theiles in das Zollgebiet des anderen Theiles eingehenden Waaren unterliegen hiernach daselbst in der Regel keinen höheren Zöllen, als wenn sie von dem Zollgebiete des ersteren Theiles aus eingeführt würden.

In dem Handelsvertrage zwischen Deutschland und Oesterreich-Ungarn vom 16. Dezember 1878 war vereinbart, daß die Verabredungen über den Veredelungsverkehr sowie über den Verkehr auf Messen und Märkten auf diejenigen einzelnen Landestheile der vertragschließenden Theile, welche von deren Zollgebiet ausgeschlossen sind, solange dieser Ausschluß dauert, keine Anwendung finden sollen.

Die Anwendung der Vertragszollsätze für die Provenienzen aus Freihafengebieten und Zollausschlüssen des einen vertragschließenden Theiles kann Seitens des anderen Theiles, sofern hierzu eine Nothwendigkeit vorliegt und es vertragsmäßig zulässig ist, von dem Nachweise abhängig gemacht werden, daß die Waaren nicht lediglich von auswärts eingegangene, durch das Freihafen- oder Zollausschlußgebiet durchgeführte Speditionsgüter, sondern eigene Produkte oder Fabrikate dieses Gebietes, beziehungsweise des Landes sind, welchem das Freihafen- oder Zollausschlußgebiet angehört. Dieser Nachweis kann mittelst einer Bescheinigung entweder einer Behörde am Orte der Versendung, beziehungsweise Erzeugung, oder eines am Versendungsorte befindlichen Konsulates des Landes, wohin die Einfuhr erfolgen soll, erbracht werden. Dem Verlangen einer solchen Ursprungsattestirung wird das Land, welchem das Freihafen- oder Zollausschlußgebiet angehört, dann um soweniger entgegentreten, wenn es selbst ein Interesse daran hat, daß die durch dieses Gebiet gehenden ausländischen Waaren nicht als seine eigene Provenienz angesehen und behandelt werden.

Andererseits kann es aber auch aus besonderen Verhältnissen sich empfehlen, ausdrücklich zu vereinbaren, daß für die aus den Freihafengebieten kommenden Waaren Ursprungszeugnisse nicht gefordert werden dürfen. Es kann hierzu insbesondere dann ein Anlaß vorliegen, wenn zu befürchten ist, daß der andere vertragschließende Theil die Provenienz eines dritten Landes, in welchem ähnlich wie in dem Freihafengebiete Eingangszölle nicht erhoben werden, vertragsmäßig ohne Ursprungszeugnisse zuläßt, was zur Folge haben könnte, daß der Zwischenhandel aus dem mit Ursprungszeugnissen belasteten Freihafengebiete an dieses dritte, von jenem Nachweise befreite Land übergehen würde. Einer solchen ungleichmäßigen Behandlung wird allerdings nöthigenfalls zumeist auch auf Grund der Meistbegünstigungsklausel entgegengetreten werden können.

IX.
Material für die Verhandlungen, Führung und Abschluß der Handelsverträge.

1. Die Handelsstatistik.

Bei Bemessung der bei Handelsvertragsverhandlungen einzunehmenden Stellung und zur Geltung zu bringenden Ansprüche ist in erster Reihe die Lage des Außenhandels des Staates insbesondere gegenüber demjenigen Lande, mit welchem ein Handelsvertrag abgeschlossen werden soll, in Betracht zu ziehen. Ein wesentliches Hülfsmittel zur Beurtheilung der bezüglichen Verhältnisse und zur Gewinnung praktischer Gesichtspunkte bietet die Handelsstatistik. Die deutsche Handelsstatistik beschränkte sich früher darauf, für den gesammten Waarenverkehr Deutschlands mit dem Auslande außer den Waarenmengen nur die Grenzstrecken zu ermitteln, über welche die Einfuhr, beziehungsweise die Ausfuhr stattfand; über den Handelsverkehr mit den einzelnen Ländern gab die Statistik keine Auskunft. Seit 1880 wird bei jeder Einfuhr eine Deklaration über das Herkunftsland, bei jeder Ausfuhr eine solche über das Bestimmungsland der Waare verlangt, und für die aus diesen Deklarationen nach den einzelnen Ländern ermittelte Ein- und Ausfuhrstatistik wird sodann auf Grund der durch Sachverständige festgestellten Durchschnittspreise eine Werthberechnung hergestellt. Es gibt hiernach außer der Mengenstatistik nunmehr noch eine Länder- und eine Werthstatistik.

Für die Länderstatistik gelten im Allgemeinen folgende Grundsätze:

Bei Handelswaaren ist in der Regel als Land der Herkunft das Land, aus dessen Eigenhandel die versendete Waare herstammt, und als Land der Bestimmung das Land, in dessen Eigenhandel die Waare übergeht, anzusehen. Die Länder, durch welche die Waaren auf dem Transport unmittelbar durchgeführt, oder in welchen die Waaren lediglich umgeladen oder umspedirt werden, bleiben bei der Angabe der Herkunft und Bestimmung der Waaren außer Betracht. Es wird also nicht der Handel von seinen Uranfängen, den Produktionsorten, an bis zu seinen letzten Ausläufern, den Konsumtionsorten, verfolgt, sondern als Herkunftsland gilt regelmäßig das Land, aus dessen Handel die Waare eingeführt, und als Bestimmungsland das Land, in dessen Handel die ausgeführte Waare zunächst übergehen soll. Nicht wenig getrübt wird die Darstellung des deutschen Waarenverkehrs nach Herkunft und Bestimmung durch den Umstand, daß die bedeutendsten deutschen Seehandelsplätze, Hamburg und Bremen, Zollausschlüsse sind, deshalb für das Zollgebiet als Ausland gelten und in der Statistik des Waarenverkehrs als solches behandelt werden müssen, während sie in der That den Handel des Zollgebietes vermitteln und ihr eigener Handel einen Theil des deutschen Handels ausmacht. Welche Lücke hierdurch in der Länderstatistik entsteht, ergibt sich daraus, daß beispielsweise im Jahre 1881 auf Hamburg und Bremen von der gesammten deutschen Einfuhr mit 2990 Millionen Mark rund 578 Millionen Mark, und von der gesammten deutschen Ausfuhr mit 3040 Millionen Mark rund 631 Millionen Mark entfielen, über deren eigentliche Herkunft beziehungsweise Bestimmung sonach eine Angabe nicht vorliegt.

Aber auch die Begrenzung Deutschlands durch fremde Industrie= und Handelsstaaten mit sehr entwickeltem Speditionsbetrieb wirkt in manchen Fällen störend auf die Darstellung des Waarenverkehrs nach Herkunft und Bestimmung ein; denn es ist wohl anzunehmen, daß nicht selten das Nachbarland als Herkunfts= beziehungsweise Bestimmungsland auch in dem Falle deklarirt wird, wenn in ihm die Waaren lediglich umspedirt sind, beziehungsweise werden sollen.

Für die Aufstellung der Werthstatistik gelten in der Hauptsache folgende Grundsätze:

Zum Zwecke des Nachweises der Werthe der Einfuhr, Ausfuhr und Durchfuhr werden durch das statistische Amt die Einheitspreise der einzelnen Waarengattungen alljährlich schätzungs=

weise ermittelt und danach die Werthberechnungen vorgenommen. Behufs Vorbereitung der Preisermittlung werden geeignete Sachverständige vernommen und Preisnotizen der Handelskammern, insbesondere auch die Preisermittlungen von Hamburg und Bremen, regelmäßig gesammelt. Von einer größeren Anzahl von Handelskorporationen werden außerdem Mittheilungen über die Jahresdurchschnittspreise der in ihren Bezirken hauptsächlich gehandelten Waaren geliefert. Für die Schätzung dieser Durchschnittspreise gilt als allgemeine Regel, daß als Preis der eingeführten Waaren derjenige Betrag ermittelt werden muß, welcher dafür vom Inlande an das Ausland, als Preis der ausgeführten Waaren dagegen derjenige Betrag, welcher dafür vom Auslande an das Inland gezahlt worden ist. Es bestehen ferner eingehende Bestimmungen darüber, was in den Einfuhrpreis und Ausfuhrpreis einzurechnen ist, und was außer Betracht zu bleiben hat. Im Allgemeinen wird man bei der Waareneinfuhr und Ausfuhr zu Lande zu ziemlich richtigen Resultaten gelangen, wenn man den Werth der Waaren ermittelt, welchen sie auf dem Transport nach dem Bestimmungsort bei Ueberschreitung der Zollgebietsgrenze erlangt haben, also den Verkaufspreis am Herkunftsort ansetzt und demselben die bis zur Zollgebietsgrenze aufgelaufenen Transportkosten, Gebühren und Spesen hinzurechnet. Beim Waarenverkehr zur See muß aber, weil für den Transport außerhalb der Zollgebietsgrenze auch an inländische Schiffer Frachtkosten zu zahlen sind, bei der Einfuhr von den bis zur Zollgebietsgrenze erwachsenen Transportkosten ein entsprechender Abzug, bei der Ausfuhr zu den bis zur Zollgebietsgrenze erwachsenen Transportkosten u. s. w. ein entsprechender Zuschlag gemacht werden. Es ist selbstverständlich, daß trotz der Sorgfalt dieser Ermittelungen auch die Werthstatistik nicht ein vollständig richtiges Bild geben kann.

Der Umstand, daß die Werthermittlung für alle Länder mit denselben Durchschnittspreisen rechnet, während die Qualität der Einfuhr und Ausfuhr der einzelnen Länder verschiedenartig ist, wirkt namentlich störend.

Von Interesse für die Statistik ist das in den Vereinigten Staaten von Nordamerika bestehende System der Fakturenbeglaubigung.

Nach den bezüglichen Vorschriften dürfen in die Vereinigten Staaten Waaren aus dem Auslande nur eingeführt werden auf Grund von Fakturen, welche von den Exporteuren des Auslandes eidlich bestätigt und durch das dem Versendungsplatze nächste amerikanische Konsulat beglaubigt sind. In diesen Fakturen ist außer der Bezeichnung der Waaren und ihres Gewichts noch der wirkliche Kaufpreis oder Marktpreis der Waare mit sämmtlichen Spesen, ferner Zeit und Ort des Ankaufs und die eidliche Versicherung der Richtigkeit der Faktura seitens des Versenders anzugeben.

Die mehr oder minder großen Mängel jeder Länder- und Werthstatistik machen es erklärlich, daß die statistischen Ermittlungen eines Landes mit den korrespondirenden Ermittlungen anderer Länder oft wenig im Einklang stehen. Es kommt namentlich nicht selten vor, daß sich von zwei Staaten unter gegenseitigem Widerspruch jeder einen Ueberschuß des Werthes der Einfuhr über den Werth der Ausfuhr berechnet, was, abgesehen von den Mängeln der Herkunfts- und Bestimmungsstatistik, hauptsächlich auch darin seinen Grund hat, daß die Handelswaaren bei der Ausfuhr aus dem Produktionslande einen geringeren Werth haben, als bei der Einfuhr in dem Konsumtionslande. Es ist hiernach geboten, bei den Handelsvertragsverhandlungen das sich aus den Handelsstatistiken ergebende Material nur mit Vorsicht und unter den Vorbehalten zu gebrauchen, welche sich bei näherer Prüfung und Vergleichung der in Betracht kommenden Ermittlungen als nothwendig herausstellen.

In der deutschen Ausfuhr nach Oesterreich ist beispielsweise vielfach der Transit des westlichen und nordwestlichen Europa's über Deutschland nach Oesterreich mit inbegriffen, soweit er nicht unmittelbare Durchfuhr, sondern Gegenstand des deutschen Zwischenhandels ist. Umgekehrt ist in der deutschen Ausfuhr nach Belgien und Frankreich vielfach der Transit Oesterreich-Ungarns und Rußlands enthalten. Auch die überseeische Ausfuhr Deutschlands umfaßt viele Waarenmengen, welche in Deutschland nur Speditionsgut sind, im Auslande aber statistisch als deutsche Waaren behandelt werden.

Wenn zwischen zwei Staaten ein spezieller Konventionaltarif besteht, an welchem dritte Staaten nicht theilnehmen, so läßt sich über den Handelsverkehr zwischen diesen beiden Staaten leichter eine zuverlässige Statistik herstellen, als in denjenigen Fällen, in welchen in Folge einer weitverzweigten Meistbegünstigung der Speditionshandel in den Vordergrund tritt und den eigentlichen Ursprung der Waarenmengen verdunkelt. Eine zuverlässige Werthſtatiſtik wird ſich andererſeits leichter in ſolchen Staaten feſtſtellen laſſen, in welchen Werthzölle erhoben werden und daher der Kontrole unterliegende ſpezificirte Werthdeklarationen für die Berechnung der Durchſchnittspreiſe benutzt werden können. Wenn hiernach die Ergebniſſe der Statiſtik bei handelspolitiſchen Transaktionen nur mit Vorſicht zu benutzen ſind, ſo hat man ſich nicht minder davor zu hüten, die einfachen ſtatiſtiſchen Mengen- und Werthzahlen im Ganzen oder Einzelnen bei der Beurtheilung der Handelsbeziehungen als maßgebend zu Grunde zu legen.

Für die Gewinnung eines richtigen Urtheiles kommt es vielmehr im Weſentlichen auch auf die Gegenſtände an, aus welchen ſich die Ausfuhr, beziehungsweiſe Einfuhr zuſammenſetzt. Wenn beiſpielsweiſe in einem Staate die Ausfuhr überwiegend aus Induſtrieprodukten, in einem anderen Staate dagegen überwiegend aus ſchwer entbehrlichen Rohſtoffen beſteht, ſo kann das erſtere Land ein größeres Intereſſe an der Herſtellung eines Vertragsverhältniſſes haben, wenngleich ſeine Ausfuhr in das andere Land nach Menge und Werth geringer ſein ſollte, als ſeine Einfuhr aus dem letzteren. Der Umſtand, daß der Konſum an Induſtrieprodukten mehr eingeſchränkt oder leichter anderweitig gedeckt werden kann, als derjenige von Rohſtoffen, wirkt hierbei beſtimmend.

Es würde auch irrig ſein, nur aus der Waarenhandelsſtatiſtik auf die wirkliche Bilanz des Verkehrs zwiſchen zwei Ländern zu ſchließen. Der Waarenhandel bildet nur einen Theil des Geſammtverkehrs zwiſchen zwei Ländern; zu dem letzteren gehören auch der Handel mit Werthpapieren, die Geldleiſtungen aus den Schuldverhältniſſen, welche nicht aus dem Waarenhandel ſtammen, der Werth der perſönlichen Dienſtleiſtungen u. ſ. w. Die Waarenverkehrbilanz iſt hiernach nur ein Theil der geſammten Handels- und Zahlungsbilanz zweier Länder. In dem überſeeiſchen Verkehr überwiegt in der Regel der Waarenverkehr, während innerhalb der europäiſchen Länder der Effektenhandel und die aus dem Reiſeverkehr entſtehenden perſönlichen Schuldverhältniſſe neben dem Waarenverkehr eine bedeutende Rolle ſpielen.

2. Förmlichkeiten. — Ratifikation. — Vertragsdauer. — Auslegung von Vertragsbestimmungen.

Außer der Handelsstatistik bieten namentlich auch die Gutachten der Handelskorporationen und Sachverständigenkreise Material für die Beurtheilung der bei den Vertragsverhandlungen hauptsächlich in Betracht zu ziehenden Interessen. Es ist indessen Vorsorge dafür zu treffen, daß diese Gutachten nicht vorzeitig zur Veröffentlichung und dadurch zur Kenntniß des Staates gelangen, mit welchem die Verhandlungen geführt werden. Letzterer würde sich hierdurch mit größerer Leichtigkeit über die Wünsche und Bedürfnisse der am Export betheiligten Handels= und Industriekreise im Detail orientiren und seine Stellung mit größerer Sicherheit bemessen können. Ueberhaupt sind die auf die Verhandlungen bezüglichen Fragen nicht der öffentlichen Diskussion auszusetzen, bevor eine Einigung über die Hauptpunkte erzielt ist; denn jedes Argument für eine Sache auf der einen Seite wird zu einem Argument gegen die Sache auf der anderen Seite verwendet.

Verträge sind im Allgemeinen Aufgabe der Exekutivgewalt, welche dieselben unter eigener Verantwortung in unabhängiger Weise soweit fertigzustellen hat, daß in der Regel nur Annahme oder Verwerfung erfolgen kann.

In formeller Beziehung wird bei Tarifvereinbarungen zumeist darauf Werth gelegt, daß die Verzollungseinheit möglichst einfach und gleichheitlich ist, und daß der Vertragstarif, soweit thunlich, nach einem bestimmten Systeme (Abstammung, Beschaffenheit, Bestimmung der Waaren, alphabetische Gruppirung) geordnet wird. Seitens des Handelsstandes wird eine möglichst einheitliche und einfache Nomenklatur der Waarentarife gewünscht, und auch für die Zollverwaltung entstehen hieraus Vortheile. Inwieweit es angezeigt erscheint, die Klassifikation des eigenen Tarifes durch einen Vertrag aufzugeben und diejenige des anderen Staates anzunehmen, ist nach den konkreten Verhältnissen des einzelnen Falles zu beurtheilen.

Minder wichtige Fragen, desgleichen solche, welche nur einen erläuternden und deklaratorischen Charakter haben, werden in einem Schlußprotokoll zusammengestellt, dessen Bestimmungen jedoch gleich denjenigen des Vertrages selbst der Genehmigung der gesetzgebenden Faktoren bedürfen, falls sie sich auf Fragen beziehen, deren Regelung der Gesetzgebung unterliegt.

Einzelne Detailfragen, namentlich technischer Natur, über welche eine sofortige Verständigung nicht erzielt werden kann, werden zumeist durch einen der Unterzeichnung des Handelsvertrages sich anschließenden Notenaustausch der beiden Regierungen der späteren Regelung vorbehalten, wobei die prinzipiellen Punkte, über welche bereits Einverständniß besteht, in den Noten der Regierungen Ausdruck finden. Ein deklaratorischer Notenaustausch, welcher der Genehmigung der gesetzgebenden Faktoren nicht unterstellt werden soll, kann sich nur auf solche Gegenstände beziehen, deren Regelung auf administrativem Wege erfolgen kann.

Handelsverträge können selbständig nur von souverainen Staaten, beziehungsweise von den ordnungsgemäß bevollmächtigten Vertretern derselben, abgeschlossen werden. Rechtsverbindliche Kraft erlangt der Vertrag durch die Ratifikation, d. h. durch die Erklärung des Trägers der höchsten Staatsgewalt, daß er den Vertrag bestätige. Welche Voraussetzungen für die Abgabe dieser Erklärung erforderlich sind, bemißt sich nach dem inneren Staatsrecht des betreffenden Landes. Dem anderen vertragschließenden Theile steht keine Befugniß zu, zu untersuchen, ob diese Voraussetzungen erfüllt sind, wenn ihm die Ratifikation Seitens der höchsten Staatsgewalt seines Mitkontrahenten angeboten wird.

Im Uebrigen bedürfen die Handelsverträge, soweit sie Bestimmungen enthalten, welche sich auf das Gebiet der Gesetzgebung beziehen, der gesetzlichen Genehmigung. Letztere ist auch dann erforderlich, wenn der Vertrag nur solche Bestimmungen, welche bereits gesetzlich in Kraft bestehen, festlegt, da in diesem Falle für die Vertragsdauer die Befugniß zur Aenderung der Gesetzgebung gegenüber dem Vertragsstaate eingeschränkt wird. Dies gilt namentlich auch in Bezug auf die Einräumung des Meistbegünstigungsrechtes, wodurch der Befugniß der Abänderung des bestehenden

Zolltarifes gegenüber dem Mitkontrahenten insofern eine Schranke gesetzt wird, als demselben jede zu Gunsten eines dritten Staates später eintretende Tarifänderung gleichzeitig von selbst zufällt.

Was die Sprache betrifft, in welcher die Handelsverträge abgeschlossen werden, so legen die meisten Staaten Werth darauf, daß die Verträge in ihrer Landessprache festgestellt werden, und es kommen daher zumeist die Sprachen der beiden vertragschließenden Theile nebeneinander in Anwendung. Verträge mit Staaten, deren Sprache weniger bekannt ist, werden öfters in der bekannteren Sprache eines dritten Landes zu dem Zwecke abgeschlossen, um einen neutralen Text zu haben, welcher leichter als Grundlage für Interpretationen dienen kann.

Von besonderer Wichtigkeit ist die Frage der Dauer des Vertrages, bezüglich welcher in erster Reihe die allgemeinen handelspolitischen Gesichtspunkte der vertragschließenden Theile von Einfluß sind. Das Interesse an einer längeren Vertragsdauer wird um so stärker sein, je größer die Vortheile sind, welche aus dem Vertragsverhältniß entspringen. Bei der Bestimmung des Endtermins wird öfters nach Möglichkeit auch darauf Bedacht genommen, daß derselbe nahe an den Beginn oder an den Schluß des Kalenderjahres gelegt wird, da die Geschäfte mit dem Auslande häufig in den ersten Monaten eines neuen Jahres abgeschlossen, und erst in den letzten Monaten des Jahres endgültig abgewickelt werden.

In vielen Verträgen wird vereinbart, daß der Vertrag bis zu einem bestimmten Zeitpunkt, und auch über diesen Zeitpunkt hinaus bis zum Ablaufe eines Jahres, von dem Tage, an welchem einer oder der andere der beiden vertragschließenden Theile ihn gekündigt haben wird, in Kraft bleiben soll.

Durch die Nichtausübung dieses Kündigungsrechtes kann die Geltung des Vertrages auf unbestimmte Zeit verlängert werden. Auch ist durch die vorbehaltlose Genehmigung einer solchen Vertragsbestimmung Seitens der gesetzgebenden Faktoren der Verwaltung die Befugniß gegeben, nach eigenem Ermessen über die Dauer des Vertrages zu befinden und eine erfolgte Kündigung ausdrücklich oder stillschweigend zurückzunehmen, sofern der andere Theil hiermit einverstanden ist. Aenderungen des Vertrages dürfen selbstverständlich nicht ohne Zustimmung der gesetzgebenden Faktoren stattfinden.

Durch gegenseitiges Einverständniß, durch Untergang eines Vertragssubjektes sowie durch den Kriegsfall treten die Handelsverträge außer Wirksamkeit.

Zur Auslegung zweifelhafter Vertragsbestimmungen können die historische Entwickelung, der Zweck und die Motive sowie das Verfahren in gleichartigen Fällen Seitens anderer Staaten geeignete Anhaltspunkte bieten. Das Ergebniß der desfallsigen Verhandlungen wird zweckmäßiger Weise in der Form eines Notenaustausches festgestellt. In neueren Handelsverträgen ist zum Zwecke der Entscheidung von Differenzen während der Vertragsdauer die Einrichtung eines internationalen Schiedsgerichtes vereinbart. So bestimmt Art. 20 des belgisch-italienischen Handelsvertrages vom 11. Dezember 1882, daß Schwierigkeiten, welche entweder wegen der Auslegung oder wegen der Ausführung des Vertrages entstehen sollten, durch eine Kommission von Schiedsrichtern beseitigt werden. Diese Kommission soll aus einer gleichen Anzahl durch die vertragschließenden Theile gewählter Schiedsrichter und aus einem durch die Kommission selbst gewählten bestehen.

Das einzuschlagende Verfahren wird durch die Schiedsrichter bestimmt, wenn nicht zwischen den beiden Staaten bezüglich desselben eine Verständigung erfolgt sein sollte.

Wenn ein solches Schiedsgericht die Bestimmung eines Vertrages durch Schiedsspruch ausgelegt hat und demnächst ein anderes Schiedsgericht die gleiche Bestimmung eines Vertrages mit einem dritten Staate in anderer Weise auslegt, so kann der Staat, welcher den Meistbegünstigungsanspruch hat, auf Grund des letzteren verlangen, daß von den abweichenden Schiedssprüchen ihm gegenüber der günstigste zur Anwendung kommt.

X.
Die Zolleinigung.

Eine Zolleinigung liegt dann vor, wenn zwei oder mehrere selbständige Staaten dahin übereinkommen, ihr Zollwesen, insbesondere auch die Zolltarife, derart gemeinschaftlich festzusetzen und zu handhaben, daß sie dem Auslande gegenüber als ein geschlossenes Zollgebiet auftreten, innerhalb dessen, abgesehen von einigen finanzpolitischen Uebergangssteuern, Grenzzölle nicht mehr bestehen, und daß sie die Erträgnisse der Zölle für gemeinschaftliche Rechnung des Zollverbandes erheben.

Bei Einverleibungen neuer Provinzen in einen Staatsverband entsteht eine Zolleinigung im vorstehenden Sinne nicht, da in diesem Falle die Zollgemeinsamkeit eine Folge der politischen Zusammengehörigkeit ist. In diesem Falle wird zumeist angenommen, daß die bestehenden Handelsverträge auch auf den neuen Landeszuwachs selbst dann Anwendung finden, wenn zwischen dem Stammlande und den neuen Provinzen als Uebergangsstadium vorübergehend Uebergangsabgaben erhoben werden sollten, um einen allmähligen Ausgleich zwischen den Interessen der zusammengeschmolzenen Industriegebiete anzubahnen.

Die Frage, inwieweit bei der Einverleibung eines Landes die von dem letzteren abgeschlossenen Verträge fortbestehen bleiben, ist nach allgemeinen rechtlichen Grundsätzen zu behandeln.

Die in früheren Jahren Seitens einiger Länder mit einzelnen deutschen Bundesstaaten abgeschlossenen Handelsverträge begründen keine Ansprüche gegen das deutsche Reich.

Eine Zolleinigung läßt sich durch verschiedene Maßregeln, insbesondere dadurch vorbereiten, daß die betheiligten Staaten sich vertragsmäßig verpflichten, ihre Zolltarife allmählig auf ein gemeinschaftliches Niveau zu bringen und bis dahin weder Tarif- noch Meistbegünstigungsverträge mit anderen Staaten abzuschließen. Um den ersteren Punkt, die allmählige Gleichstellung der Zollsätze, zu erreichen, können während einer Uebergangsperiode (etwa von 10 Jahren) gegenseitig staffelmäßige, in bestimmten Zeitabschnitten eintretende Herabsetzungen vereinbart werden. Der Ausschluß der Meistbegünstigung während des Uebergangsstadiums soll anderentheils es ermöglichen, daß die allmähligen Zollherabsetzungen nur dem Staate zu Gute kommen, mit welchem die Zolleinigung beabsichtigt ist. Ein solches Differentialsystem erleichtert den betheiligten Industriezweigen den Uebergang in das neue Verhältniß. Wenn beispielsweise für die Eventualität einer Zolleinigung zwischen Deutschland und Oesterreich ein deutscher Industriezweig daran gewöhnt werden sollte, sich allmählig mit der Konkurrenz des betreffenden österreichischen Industriezweiges auszugleichen, so wird dies leichter und schneller geschehen, wenn die ermäßigten Zollsätze nur der österreichischen Einfuhr und nicht auch der Einfuhr dritter Staaten zu Gute kommen. Die Industrie gewöhnt sich leichter an die Konkurrenz eines Rivalen, wenn sie nicht gleichzeitig auch der Konkurrenz aller übrigen Rivalen ausgesetzt ist.

Die Hindernisse, welche sich der Zolleinigung zweier politisch unabhängiger Staaten zumeist entgegenstellen, liegen nicht auf dem zollpolitischen, sondern in der Hauptsache auf dem finanziellen und politischen Gebiete.

Solange in den zu einer Zolleinigung im Allgemeinen geneigten Staaten das System der inneren Verbrauchssteuern im Wesentlichen auf verschiedenartigen Grundlagen beruht und die Verschiedenheit der Konsumtion und Konsumtionskraft der beiderseitigen Bevölkerungen ein gerechtes Theilungsverhältniß der gemeinschaftlichen Zollerträgnisse erheblich erschwert, solange ferner im Geldwesen grundsätzlich verschiedenartige Systeme bestehen, wird eine Zolleinigung mehr oder minder großen Schwierigkeiten begegnen.

Im Uebrigen erscheint, abgesehen von den politischen Erwägungen, selbstverständlich eine genaue Prüfung der Verhältnisse geboten, bevor zwei Staaten nicht nur gemeinsam Kasse machen, sondern auch ihr System der wichtigeren indirekten Abgaben derart verschmelzen, daß einseitig eine den eigenthümlichen Finanzverhältnissen entsprechende Abänderung nicht mehr getroffen werden kann.

Die in Folge einer Zolleinigung für den Verkehr der zollgeeinten Staaten eintretenden Zollbefreiungen sollen nach einer überwiegend vertretenen, aber auch nicht unbestrittenen Ansicht von dritten Staaten auf Grund der ihnen vertragsmäßig eingeräumten Meistbegünstigungsklausel nicht beansprucht werden können, weil die Aufnahme eines Staates in einen gemeinschaftlichen Zollverband nicht die Natur einer dem eingeschlossenen Staate gewährten Zolloder Handelsbegünstigung habe, welche unter die Bestimmungen des Meistbegünstigungsrechtes fallen würde, sondern einen finanziellen Associationsvertrag darstelle, durch welchen das finanzielle und wirthschaftliche Subjekt der vertragschließenden Theile überhaupt geändert werde. Durch bestehende Meistbegünstigungsrechte dritter Staaten werden daher nach dieser Ansicht der Herstellung einer Zolleinigung, beziehungsweise dem Eintritt eines Staates in den Zollverband eines anderen Staates, prinzipielle Hindernisse nicht bereitet.

In manchen Handelsverträgen ist diese Frage ausdrücklich geregelt; beispielsweise ist in dem Handelsvertrage zwischen Deutschland und Oesterreich-Ungarn vom 23. Mai 1881 vereinbart, daß die von einem der beiden vertragschließenden Theile durch eine schon abgeschlossene oder etwa künftighin abzuschließende Zolleinigung zugestandenen Begünstigungen von der Meistbegünstigung ausgenommen sind.

Wegen Herstellung einer Zolleinigung zwischen dem deutschen Zollverband und Oesterreich-Ungarn machten sich wiederholt Bestrebungen geltend. In dem Vertrage des Zollvereins mit Oesterreich vom 19. Februar 1853 war in der Eingangsformel des Vertrages die Absicht ausgesprochen, „die allgemeine deutsche Zolleinigung anzubahnen", und in Art. 25 dieses Vertrages, dessen Dauer bis zum 31. Dezember 1865 festgestellt war, ist hinzugefügt:

„Es werden im Jahre 1860 Kommissarien der kontrahirenden Staaten zusammentreten, um über die Zolleinigung zwischen den beiden kontrahirenden Theilen und den ihrem Zollverbande alsdann angehörenden Staaten, oder, falls eine solche Einigung noch nicht zu Stande gebracht werden könnte, über weitergehende Verkehrs-Erleichterungen und über möglichste Annäherung und Gleichstellung der beiderseitigen Zolltarife zu unterhandeln".

Diese Bestimmungen des Vertrages wurden in dem Berichte der Kommissionen des preußischen Abgeordnetenhauses dahin definirt, daß man im Allgemeinen die Absicht aussprach, auf diesem Wege eine allgemeine deutsche Zolleinigung anzubahnen, und daß man sich über künftige Konferenzen verständigte, in welchen dieselbe vereinbart oder auch nicht vereinbart werden konnte. Einen Erfolg haben die in Rede stehenden Bestrebungen bisher bekanntlich nicht gehabt.

Die wesentlichste Voraussetzung einer Zolleinigung besteht darin, daß die Erträgnisse der gegenüber dritten Staaten verbleibenden Zölle für gemeinschaftliche Rechnung der zollgeeinten Staaten erhoben werden.

Anders verhält es sich, wenn zwei Staaten sich lediglich dahin einigen, einen gemeinschaftlichen Außentarif gegenüber dritten Staaten festzusetzen und für den gegenseitigen Verkehr einen Zwischenzolltarif zu verabreden, dagegen davon absehen, die Zollerträgnisse in eine gemeinschaftliche Kasse fließen zu lassen. Es fragt sich, ob ein solcher Verband zweier oder mehrerer Staaten mit gemeinschaftlichem Außentarif und besonderem Zwischenzolltarif, welcher sich nicht als eine finanzielle, sondern nur als eine handelspolitische Vereinigung darstellt, mit bestehenden Meistbegünstigungsverpflichtungen in der Weise vereinbar ist, daß den dritten mit dem Meistbegünstigungsrechte versehenen Staaten der Mitgenuß der ermäßigten Zwischenzollsätze vorenthalten werden kann.

Gegen die desfallsigen Ansprüche dritter Staaten läßt sich geltend machen, daß durch die Abhängigmachung des dem Auslande gegenüber bestehenden gemeinschaftlichen Außentarifs von der Uebereinstimmung der beiden Länder ein neues Vertragssubjekt entstehe, welches dritten gegenüber als ein Ganzes und Einheitliches auf-

trete, dessen interne Angelegenheiten das Ausland nicht berührten.
Nicht die finanzielle Einigung sei entscheidend, sondern es komme
nur darauf an, daß die betreffenden Staaten dem Auslande gegen=
über als eine geschlossene handels= und zollpolitische Einheit auf=
treten. Diesen Argumentationen gegenüber wird jedoch von anderer
Seite die Ansicht festgehalten, daß bei einer striften Auslegung der
Meistbegünstigungsklausel den meistbegünstigten Staaten der Mit=
genuß des ermäßigten Zwischenzolltarifes nicht versagt werden könne.
Jedenfalls werden Staaten, welche einen solchen beschränkten Zoll=
verband errichten wollen, gut thun, zunächst ihre Meistbegün=
stigungsverhältnisse zu lösen, um etwaigen Differenzen auf Grund
der letzteren aus dem Wege zu gehen.

Abgesehen hiervon, bestehen für einen solchen, auf die handels=
politische Gemeinsamkeit beschränkten, einer finanziellen Einigung
entbehrenden Zollverband im Wesentlichen folgende Voraussetzungen:

a) Der dem Auslande gegenüber geltende Außentarif wird nur
durch gegenseitiges Einvernehmen der beiden Staaten festgestellt und
abgeändert, was entweder durch ein gemeinschaftliches, selbständiges
Organ mit endgültiger Beschlußberechtigung, oder durch die Be=
schlußfassung der regelmäßigen gesetzgebenden Körperschaften der
beiden Länder geschehen kann. Der letztere Weg, bei welchem vor
jeder Abänderung des Tarifes die gesetzgebenden Faktoren der beiden
Staaten zustimmen müssen, ist schwerfälliger und hemmender, als
der erstere Weg, bei welchem eine eigene spezielle Delegation der
beiden Staaten das Beschlußrecht ausübt. Durch die Regelung
dieser Organisationsfrage werden auch die staatsrechtlichen und
politischen Verhältnisse der beiden Staaten mehr oder minder stark
in Mitleidenschaft gezogen.

b) Der Zwischenzolltarif muß mit dem Außentarif in einem
organischen Zusammenhang etwa derart stehen, daß die Sätze des=
selben in Prozentbeträgen des Außentarifs ausgedrückt werden.
Wenn die unter a) erwähnte Voraussetzung fehlt, d. h. die Ab=
änderung des Außentarifs nicht von der Uebereinstimmung der
beiden Staaten abhängig ist, so kann der Zusammenhang zwischen
dem Außentarif und dem Zwischenzolltarif in analoger Weise, wie

es in dem Handelsvertrage zwischen dem Zollverein und Oesterreich vom 19. Februar 1853 geschah, hergestellt werden, nämlich so, daß jedem der beiden Staaten die Befugniß vorbehalten wird, den Zwischenzollsatz um denselben Betrag zu erhöhen, um welchen der entsprechende Zollsatz des Außentarifes Seitens des anderen Theiles herabgesetzt worden ist.

c) Der Außentarif und der Zwischenzolltarif müssen prinzipiell die Mehrzahl der Zolltarifgegenstände, insbesondere die wichtigeren, umfassen. Ausgenommen sollten, abgesehen von einzelnen besonderen Fällen, im Wesentlichen nur die eigentlichen Finanzzölle, namentlich solche, welche mit der inneren Besteuerung im engen Zusammenhang stehen, ferner die Zölle auf solche Gegenstände sein, welche den Verkehr der beiden Länder unter sich nicht oder nur wenig berühren. Daß die Sätze des Zwischenzolltarifes für dieselben Gegenstände auf beiden Seiten gleich seien, ist nicht erforderlich; eine solche gegenseitige Gleichheit wird nur bei Industriezweigen mit der nämlichen Entwickelungsstufe als Grundsatz festzuhalten sein, während für die übrigen Produktionszweige je nach der Leistungsfähigkeit, der Entwickelungsstufe und den Produktionskosten verschiedenartige Zollsätze in den beiderseitigen Zwischenzolltarifen Aufnahme finden können.

d) Das Recht, Tarifvereinbarungen mit dritten Staaten abzuschließen, sollte in der Regel der gemeinsamen Verständigung vorbehalten bleiben, so daß neben dem Außentarif für das Ausland, dem Zwischenzolltarif für den inneren Verkehr auch noch ein Konventionaltarif für solche dritte Staaten bestehen könnte, mit welchen der Verband in ein Vertragsverhältniß getreten ist.

Einer Erwähnung bedarf schließlich noch das handelspolitische Verhältniß zwischen einem Mutterlande und seinen Kolonien. Die letzteren, welche in den meisten Fällen verschiedenartige handelspolitische Interessen haben, besitzen in der Regel einen selbständigen Zolltarif, in welchem vielfach den Produkten des Mutterlandes entweder eine günstigere Stellung gegenüber denjenigen des Auslandes, oder vollständige Zollfreiheit als Austausch für die den Produkten der Kolonien im Mutterlande zustehende Zollfreiheit zugesichert ist.

Es kann zwischen dem Mutterlande und den Kolonien auch ein Zollverband, welcher gegenüber dem Auslande mit einem einheitlichen Tarif auftritt, hergestellt werden, was selbstverständlich um so leichter möglich ist, je mehr dieser Verband die Bedürfnisse seines Handels und seiner Industrie in sich selbst befriedigen kann. Bei Handelsverträgen wird im Allgemeinen auf die Gleichstellung der Provenienz des vertragschließenden Staates mit den Produkten des Mutterlandes, eventuell auf die Gewährung der Meistbegünstigung auch für den Verkehr mit den Kolonien Bedacht genommen und im Uebrigen wegen der Stellung der letzteren je nach den konkreten Verhältnissen besondere Vereinbarung getroffen.

Die Bestimmungen des Handelsvertrages zwischen dem Zollverein und Großbritannien vom 30. Mai 1865 finden auch auf die Kolonien und auswärtigen Besitzungen Anwendung. In diesen Kolonien und Besitzungen sollen die Erzeugnisse der Staaten des Zollvereins keinen höheren oder anderen Eingangsabgaben unterliegen, als die gleichartigen Erzeugnisse des Vereinigten Königreichs von Großbritannien und Irland oder irgend eines anderen Landes, und es soll die Ausfuhr aus diesen Kolonien oder Besitzungen nach dem Zollverein keinen höheren oder anderen Abgaben unterworfen werden, als die Ausfuhr nach dem Vereinigten Königreiche von Großbritannien und Irland. In gleicher Weise ist, abgesehen von einer besonderen Ausnahme, auch in dem Handelsvertrage zwischen dem Zollverein und den Niederlanden vom 31. Dezember 1851 die Meistbegünstigung auf den Handel mit den Kolonien ausgedehnt.

In dem Handelsvertrage zwischen dem deutschen Reich und Spanien vom 12. Juli 1883 ist vereinbart, daß die deutschen Reichsangehörigen in den überseeischen Provinzen Spaniens dieselben Rechte, Privilegien, Befreiungen, Begünstigungen und Ausnahmen genießen, welche der meistbegünstigten Nation bereits bewilligt sind oder künftig bewilligt werden. Die deutschen Produkte und Waaren sollen daselbst keinen anderen Zöllen, Lasten und Förmlichkeiten unterworfen werden, als die Produkte und Waaren der meistbegünstigten Nation. Andererseits genießen die Produkte und Waaren der überseeischen Provinzen Spaniens bei ihrer Einfuhr nach Deutschland dieselbe Behandlung, wie die überseeischen Produkte und Waaren der meistbegünstigten Nation.

Printed by Libri Plureos GmbH
in Hamburg, Germany